WEIHNACHTEN
------- mit -------
FRÄULEIN KLEIN

*** BACKZAUBER UND DEKOLUST FÜR DIE SCHÖNSTE ZEIT IM JAHR ***

CALLWEY

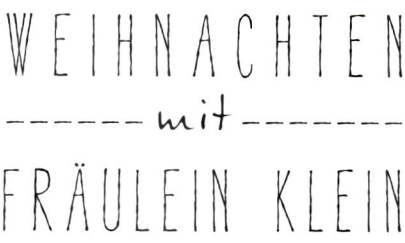

WEIHNACHTEN
----- mit -----
FRÄULEIN KLEIN

= YVONNE BAUER

INHALT

WEIHNACHTSBÄCKEREI

CHRISTBAUMDEKO UND GESCHENKE

WEIHNACHTSTISCH

HOT-CHOCOLATE-PARTY

SILVESTER

EINLEITUNG

WEIHNACHTEN IST DIE SCHÖNSTE ZEIT IM JAHR, AUCH FÜR MICH. WENN WIR LANGSAM IM HAUS DEN OFEN IN BETRIEB NEHMEN, DIE KERZEN HERVORHOLEN UND ES UNS GEMÜTLICH MACHEN, FANGEN UNSERE GEDANKEN AN ZU KREISEN: WELCHE GESCHENKE MÜSSEN WIR NOCH KAUFEN ODER BASTELN, UND WIE KÖNNTEN WIR UNSER HAUS AM STIMMUNGSVOLLSTEN FÜR DEN ADVENT DEKORIEREN?

Gemeinsam mit meinen Töchtern werde ich meist schon im Herbst aktiv, denn zu dieser Zeit beginnen wir bereits einen Vorrat an Zapfen und Eicheln aus der Natur nach Hause zu tragen. Frühzeitig beschäftigen wir uns mit der Planung und Gestaltung unserer Adventskalender, die dann, wenn der Countdown läuft, die Vorfreude auf die zu öffnenden Türchen immer mehr steigert.

Am meisten liebe ich in der Adventszeit den Duft von ausgeblasenen Kerzen und frisch gebackenen Plätzchen. Wenn es im Haus nach Zimt, Kardamom, Vanille und frisch geriebener Orangenschale riecht, breitet sich in mir ein wohliges Gefühl aus. Zu keiner anderen Zeit im Jahr bereitet es mir so viel Freude, den Tisch festlich zu decken und mit unseren Gästen im stimmungsvollem Ambiente zu feiern und zu genießen. Oder mit meinen Töchtern Geschenke und Adventsdekorationen zu basteln.

Ich genieße es, mich abends in eine warme Wolldecke zu wickeln, es mir mit einer Tasse selbst gekochtem Glühwein oder Punsch bei Kerzenschein so richtig schön gemütlich zu machen und das Weihnachtsfest zu planen.

Wenn es dann endlich soweit ist, wir den Weihnachtsbaum aufstellen, ihn alle zusammen schmücken und die Augen meiner Töchter vor Freude strahlen, ist das für mich das allerschönste Geschenk.

An Silvester lassen wir dann das Jahr zum krönenden Abschluss mit einem kulinarischen Feuerwerk ausklingen. Schön dekoriert mit ein paar selbstgemachten Details ist der Rutsch mit unseren Gästen ins Neujahr ein großer Spaß.

Ich hoffe, dass meine Vorfreude auf Weihnachten, meine Lust am Basteln und Dekorieren und meine Leidenschaft gerade für die Weihnachtsbäckerei allen Lesern ein guter Begleiter durch die schönste Zeit im Jahr ist.

Ich wünsche allen ein wunderschönes und besinnliches Weihnachtsfest und einen guten Rutsch ins neue Jahr!

Alles Liebe,
Yvonne

ADVENTS-DEKORATION

ADVENTSKALENDER, KRÄNZE UND DEKO

ALS ADVENTSKALENDER FÜR MEINE KLEINE TOCHTER HABE ICH AUS 24 HÄUSERN EINE STADT GEBAUT. EIN HÄUSERTHEMA FÜR EINEN ADVENTSKALENDER FINDE ICH BESONDERS SCHÖN, WEIL ICH MIR VORSTELLE, WIE GEMÜTLICH ES WOHL IN DEN WOHNUNGEN ZUGEHT, WENN ALLES VORWEIHNACHTLICH GESCHMÜCKT IST UND DIE PLÄTZCHEN IN DER KÜCHE DUFTEN.

ADVENTSKALENDER – STADT

MATERIAL

leichter Karton oder Foto-
    karton zum Aufzeichnen
    der Vorlage
Tonpapier
Geschenkpapier
24 kleine Geschenkboxen
    oder Zündholzschachteln
Zahlen- und Buchstaben-
    aufkleber aus dem Bastel-
    oder Schreibwarenbedarf
Holzstäbchen (Zahnstocher)
Bäume für die Modell-
    eisenbahn
weißer Sprühlack
Bastel- oder Heißkleber
Schere
schwarze und weiße Marker
    oder Folienstifte

Zuerst habe ich mir eine Vorlage auf festerem Karton gezeichnet. Damit die Häuser nicht alle die gleiche Form haben, habe ich mir aus dem Internet geeignete Vorlagen zum Nachzeichnen gesucht. Am besten gefallen mir die Grachtenhäuser aus Amsterdam, die ich mit Wolkenkratzern von New York kombiniere.

Die Umrisse der Häuser werden auf schönes Geschenkpapier und auf Tonpapier übertragen und ausgeschnitten. Auf die Häuser aus Tonpapier habe ich zum Teil Fenster und Türen mit dünnen schwarzen und weißen Markern aufgezeichnet. Auf die Rückseiten habe ich waagrecht am unteren Rand kleine leere Zündholzschachteln und kleine Geschenkboxen geklebt, damit die Häuser einen stabilen Stand haben.

Um zu verhindern, dass die Häuserfronten zu schmal ausfallen und die Schachteln und Boxen von der Front verdeckt werden, empfehle ich, die Boxen vor dem Zeichnen der Vorlagen auszumessen. Die Fronten sollten links und rechts ca. 1 cm breiter sein als die Schachteln und nach oben hin mindestens 5 cm Abstand haben.

Die Zahlen von 1 bis 24 habe ich als Ziffern oder als ausgeschriebene Worte mit Aufklebern auf die Fassaden aufgeklebt.

Ein paar Häuser habe ich mit Wolken aufgepeppt. Dazu Wolken auf weißes Tonpapier zeichnen, ausschneiden und mit Heißkleber auf kleinen Holzstäbchen befestigen. An die Rückseiten der Fassaden kleben.

Zur Dekoration meines Adventskalenders habe ich kleine Bäume, die es für Modelleisenbahnen gibt, weiß besprüht und zwischen die Häuser gestellt.

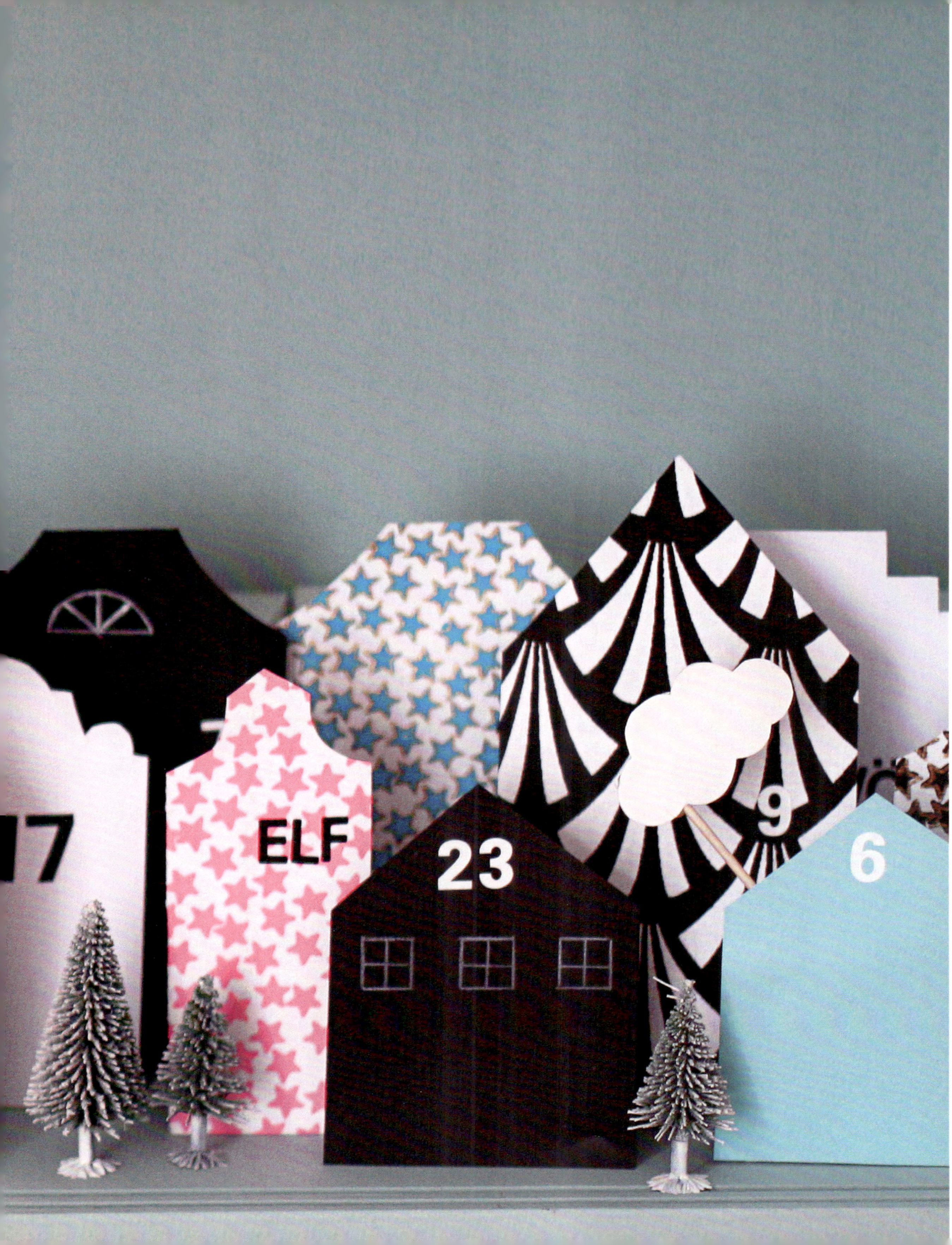
17
ELF
23
9
6

17
23

10

EINS
5
22
10
ACHT
6

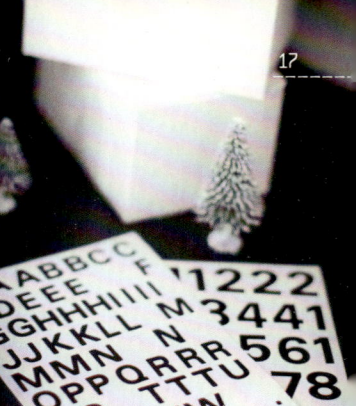

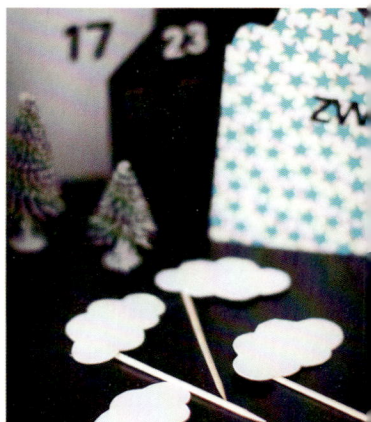

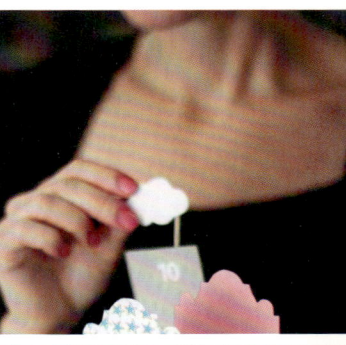

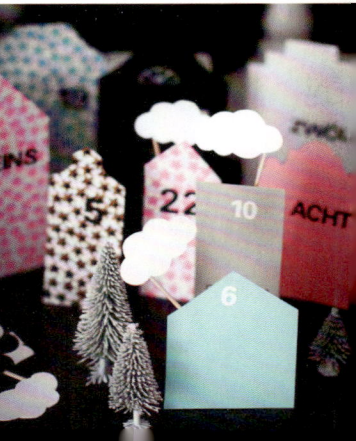

MEINE GROSSE TOCHTER HAT SICH ALS ADVENTSKALENDER EINEN STERNENBAUM GEWÜNSCHT.
DARUM HABE ICH MIR ETWAS BESONDERES AUSGEDACHT.

ADVENTSKALENDER – STERNENBAUM

MATERIAL

24 kleine Pappschachteln
Acryllack in mindestens
  3 verschiedenen Farben
Pinsel (dick bis dünn)
Zahlenstempel
doppelseitiges Klebeband
Schere
Bleistift und Lineal zum
  Markieren der Boxen

24 kleine Pappschachteln in Sternform habe ich mit Acryllack bemalt. Nach dem Trocknen habe ich Zahlenstempel mit hellgrauer Acrylfarbe eingefärbt und die Zahlen von 1 bis 24 aufgestempelt.

Die Sternchen habe ich auf einer Sperrholzplatte befestigt. Um die richtigen Maße für die Platte zu finden, empfiehlt es sich, die Sterne in Form eines Baums auszulegen und die nötige Breite und Höhe auszumessen. Im Baumarkt kann man sich dann die Platte in den gewünschten Maßen zurechtschneiden lassen. Damit sich die Sperrholzplatte nach dem Auftragen der Farbe nicht wellt, sollte sie nicht zu dünn sein. Unsere Platte hat eine Dicke von 8 mm. Die Sperrholzplatte in der gewünschten Farbe streichen. Nach dem Trocknen die Sterne in der endgültigen „Baumform" auslegen und die gewünschten Stellen mit einem Bleistift markieren.

Abschließend die Sterne mit doppelseitigem Klebeband festkleben. Da die 24 Boxen von ihrer Zahl her keine Baumform ergeben können, habe ich die Spitze des Baums, also den letzten Stern, einfach selbst aufgemalt. Als Vorlage habe ich den Deckel einer Box verwendet, die Umrisse mit Bleistift auf die Sperrholzplatte übertragen und sie dann mit einem dünnen Pinsel und Acryllack ausgemalt.

Den Baumstamm habe ich ebenfalls mit Bleistift vorgezeichnet und mit Acryllack ausgemalt.

Für die Pappschachteln eignen sich auch andere Formen. Genauso schön wie Sterne sind runde oder eckige Boxen.

ADVENTSKALENDER – BAUM

Aus Holzleisten haben wir uns einen kleinen Adventsbaum gebaut, an dem 24 schwarze Täschchen und kleine Kuverts hängen.

Für den Stamm benötigt man eine Leiste, die ca. 1 m lang und 3,5 cm breit ist. Die Äste sind aus je 2,5 cm breiten Leistenstücken und haben verschiedene Längen: 80, 60, 40 und 20 cm.

Im Abstand von jeweils 20 cm haben wir die Äste am Stamm angebracht. Am besten funktioniert es, wenn man sie von hinten mit einem Akkuschrauber festschraubt. Damit der Baum stabil steht, empfiehlt es sich, unten als Fuß ein kleines Stück Holzleiste mit Holzleim zu befestigen.

Zum Schluss habe ich den Baum weiß ange-pinselt und mit den schwarzen Täschchen und kleinen schwarzen Kuverts geschmückt, die ich mit kleinen Geschenken und Gutschei-nen gefüllt habe.

Auf der Vorderseite habe ich sie mit weißem Marker beschriftet und unterschiedlich ver-ziert: mit selbst ausgeschnittenen Tonpapier-sternen, gestanzten Schneeflocken oder mit Stern-Streudekor.

MATERIAL

Holzleiste 1 m lang und 3,5 cm breit / Holzleisten 80, 60, 40 und 20 cm, je 2,5 cm breit / kurzes Stück Holzleiste für den Fuß / Akkuschrauber / 4 Holzschrauben / Holzleim / Acryl-Mattlack / Pinsel / 24 schwar-ze Päckchen und schwarze Kuverts / weißer Marker / Tonpapier / Motivstanzer Schneeflocke / Streudekor Sterne in verschie-denen Größen

ADVENTSKALENDER MIT KUGELN

Einer meiner liebsten Adventskalender besteht aus 24 bunten Kugeln, die ich von der Decke baumeln lasse. Das sieht nicht nur dekorativ aus, sondern ist auch relativ schnell und unkompliziert gemacht!

Man benötigt dazu 24 Plastik-Weihnachtskugeln aus dem Bastelbedarf, die man in der Mitte öffnen kann. Bevor ich meine Geschenke in die Kugeln fülle, bemale ich die Innenseiten mit mattem Acryllack. Dazu gebe ich jeweils einen Tropfen Lack in eine Kugelhälfte und schwenke sie hin und her, bis sich der Lack gleichmäßig verteilt hat. Falls die eine oder andere Stelle noch ausgespart ist, helfe ich ein bisschen nach und trage mit einem Pinsel ein wenig Farbe auf.

Diesen Vorgang wiederhole ich mit allen Kugelhälften. Nach dem Trocknen gebe ich meine Geschenke hinein, setze sie zu ganzen Kugeln zusammen und beklebe sie mit Zahlenaufklebern von 1 bis 24. Für die Aufhängung bringe ich an den Kugeln Nylonfäden an und fixiere sie mit Reißnägeln an der Decke.

Der Kugelkalender wird besonders prächtig, wenn man für die Kugeln 2 bis 3 verschiedene Farben verwendet.

An einem schönen Ast sehen die Kugeln auch toll aus. Kugeln einfach daran aufhängen und den Ast mit Fäden an der Decke fixieren.

MATERIAL

24 Plastik-Weihnachtskugeln zum Öffnen / Acryl-Mattlack in 2–3 verschiedenen Farben / Pinsel / Zahlenaufkleber aus dem Schreibwaren- oder Scrapbookbedarf / Nylongarn

▲▲▲▲▲▲▲▲▲▲▲▲▲▲▲▲▲▲

ICH LIEBE GEOMETRISCHE FIGUREN. BESONDERS DREIECKE UND PYRAMIDEN HABEN ES MIR ANGETAN, DIE SICH SEHR SCHÖN IN EINE WINTERLICHE SCHNEELANDSCHAFT VERWANDELN LASSEN. DESHALB HABE ICH FÜR UNSEREN ADVENTSKALENDER 24 KLEINE EISBERGE IN PYRAMIDENFORM GEBASTELT. DAFÜR HABE ICH MIR ZUERST EINE VORLAGE GEMACHT.

▼▼▼▼▼▼▼▼▼▼▼▼▼▼▼▼▼▼

EISBERG-ADVENTSKALENDER

MATERIAL

weißer Fotokarton
Stift
Lineal
Schere
Prickelnadel
Sticknadel
Faden
mintfarbenes und hellblaues
  Tonpapier
Dymo-Labelmaker

In die Mitte des Blatts habe ich ein Quadrat mit einer Fläche von 6 x 6 cm gezeichnet. An die vier Seiten habe ich Dreiecke angesetzt, die 6 cm hoch sind. Um später die Seiten zusammenkleben zu können, habe ich an jedem Dreieck seitlich noch Überlappungen hinzugefügt.

Wenn man die Pyramiden mit etwas Größerem befüllen möchte, kann man sie natürlich auch größer machen!

Diesen Grundriss habe ich nun 24-mal aufgezeichnet und ausgeschnitten. Jede meiner aufgezeichneten Linien habe ich dann nachgefaltet. Die Faltlinien sollten richtig gut gefalzt sein. Mit einer Prickelnadel habe ich in die Spitzen der Dreiecke kleine Löcher gestochen.

In die Mitte auf das Quadrat habe ich mein kleines Geschenk gelegt und mit einer Sticknadel einen Faden durch die Löcher in den Dreiecken gezogen. Man beginnt damit, den Faden beim ersten Loch von außen nach innen zu führen und beim zweiten Loch den Faden von innen nach außen. Beim dritten Loch sticht man wieder von außen nach innen durch und führt den Faden beim letzten Loch wieder von innen nach außen. Für die Aufhängung den Faden verknoten und nicht zu kurz abschneiden.

Das Ganze 23 Mal wiederholen!

Damit die Pyramiden wie Eisberge aussehen, kann man sie noch mit farbigem Tonpapier verzieren. Die Zahlen für die 24 Dezembertage habe ich mit Dymo-Labelmaker gestanzt und die Etiketten aufgeklebt.

ADVENTSKETTE

Mein Lieblings-Adventskranz ist eine lange Kette aus lauter Holzkugeln.

Dazu kaufe ich mir Holzkugeln mit Loch in verschiedenen Größen. 4 der Holzkugeln sollten so groß sein, dass eine kleine Baumkerze darin Platz finden kann. In diese Kugeln bohre ich mir ein Loch. Den Durchmesser gibt die Baumkerze vor, die das Loch gut ausfüllen soll. Damit die Kugeln sicher stehen und nicht zur Seite kippen, begradige ich die Unterseite zusätzlich mit einer Säge.

Danach male ich fast alle Kugeln in verschiedenen Farben an. Nach dem Trocknen sortiere ich die Kugeln nach Größen und Farben und fädle sie mit einem Lederband auf. Das Band verknote ich an beiden Enden.

MATERIAL

Holzkugeln in verschiedenen Größen
Bohrer
Säge
Acryl-Mattlack in verschiedenen Farben
Pinsel
Lederband
Schere

ADVENTSKERZEN MIT PERLENBAND

Eine schnelle Möglichkeit, den Advents-countdown einzuläuten und Adventskerzen zu gestalten, ist ein Perlenband.

Dazu fädelt man auf ein Nylongarn Perlen auf. Ich habe überwiegend naturfarbene Holzper-len in zwei verschiedenen Größen verwendet. Für das Perlenband der ersten Adventskerze habe ich neben den naturfarbenen Kugeln eine weiße Perle aufgefädelt, für die Kerze des 2. Advents 2 weiße Perlen usw.

Die Länge der Kette habe ich an den Kerzen abgemessen, sie sollten genau dem Umfang der Kerze entsprechen und nicht zu weit werden. Das Nylongarn ist zum Glück flexibel, und so man kann die Kette sehr gut in die gewünschte Weite verstellen.

Kette um die Kerze wickeln und fest verkno-ten. Damit die Kerzen ohne Kerzenständer stehen bleiben, habe ich auf der Unterseite Wachsplättchen angebracht und sie auf kleine Holzkreise gedrückt.

MATERIAL

Holzperlen in 2 verschiedenen
  Farben und Größen
4 Stabkerzen
Nylongarn
Schere
Wachsplättchen
Holzkreise in verschiedenen Größen

SCHÖN FESTLICH SEHEN MEINE ADVENTSKERZEN AUS, WENN ICH SIE IN BESPRÜHTE SCHÄLCHEN STELLE.

BESPRÜHTE GLASSCHALEN
ALS KERZENSTÄNDER FÜR 4 ADVENTSKERZEN

MATERIAL

4 Schälchen
4 Stabkerzen
4 Wachsplättchen
weißer Acryl-Mattlack
　zum Sprühen
Moos
Zimtstangen, Eicheln,
　Kiefernzapfen
4 runde Papieranhänger
Geschenkpapier, Pailletten
Zahlenstempel, Zahlen-
　und Buchstabenaufkleber
Bastelkleber

Ich habe mir 4 Schälchen genommen, die ich auf Flohmärkten gefunden habe, und habe sie außen komplett mit weißem Acryl-Mattlack eingesprüht. Nach dem Trocknen habe ich an der Unterseite der 4 Stabkerzen Wachsplättchen angebracht, damit die Kerzen in den Schälchen einen sicheren Halt haben. Danach habe ich die Schälchen mit etwas Moos aufgefüllt und mit Zimtstangen, Kiefernzapfen und Eicheln dekoriert. Die Zapfen und die Eicheln habe ich ebenfalls weiß angesprüht (s. Anleitung Seite 136).

An die Schälchen habe ich mit Satinbändchen runde Anhänger gebunden. Einige davon habe ich zuerst mit weihnachtlichem Geschenkpapier oder Pailletten beklebt. Darauf habe ich dann Zahlen gestempelt, Zahlenaufkleber geklebt oder die Ziffern mit Buchstaben ausgeschrieben.

Die Schälchen müssen nicht alle gleich sein. Viel schöner ist es, wenn man unterschiedliche Gläser besprüht.

Die Schälchen sind das ganze Jahr über einsetzbar. Man kann darin auch kleine Topfblumen einpflanzen oder sie mit anderen kleinen Dekorationsgegenständen befüllen.

MIT HOLZFURNIER KANN MAN SEHR SCHÖNE ORNAMENTE UND GIRLANDEN FÜR WEIHNACHTEN BASTELN. FÜR EIN KUGELORNAMENT HABE ICH ZWEI STREIFEN HOLZFURNIER ABGESCHNITTEN. EINER DER BEIDEN STREIFEN SOLLTE CA. 5 MM LÄNGER SEIN ALS DER ANDERE.

HOLZORNAMENT

MATERIAL

Holzfurnier (aus dem Bau-
markt oder vom Schreiner)
Schere
Heißkleber
Nylongarn

Am besten funktioniert es, wenn man zuerst einen Streifen abschneidet, die Enden mit Heißkleber fixiert und aufeinanderklebt, sodass ein Kreis entsteht. Danach misst man den zweiten Streifen ab. Der zweite Streifen sollte genau um den ersten Kreis passen. Auf die Nahtstelle des ersten Kreises klebt man nun um 90 Grad versetzt ein Ende des zweiten Streifens und wickelt ihn einmal um den ersten Kreis, sodass ebenfalls ein Kreis entsteht. Die beiden Kreise sollen sich zweimal kreuzen und gemeinsam eine Kugel bilden. Den zweiten Streifen am Ende ebenfalls mit Heißkleber fixieren. Für eine Aufhängung einen Nylon-faden daran befestigen.

GIRLANDE

MATERIAL

Wie bei Holzornament oben,
nur ohne Nylongarn

Für die Girlande aus dem Holzfurnier ca. 16 cm lange Streifen schneiden. Wie viele Streifen man schneidet, hängt von der gewünschten Länge der Girlande ab.

Mit einem Kreis beginnen, das heißt einen Streifen zu einem Kreis formen und die Enden mit Heißkleber fixieren. Dann den zweiten Streifen durch den ersten schieben, wieder zu einem Kreis formen und mit Heißkleber fixieren. Mit den weiteren Streifen genauso verfahren wie mit den beiden ersten Streifen.

Je mehr Streifen sich wie die Glieder einer Kette aneinander-reihen, umso schöner und länger wird die Girlande.

PAPIERKUGELN

Seidenpapier 10 Lagen
  pro Kugel
Packpapier oder
  Geschenkpapier
Glas oder runde Vorlage

Nähmaschine
Faden
Schere

Papierkugeln sehen schön aus und sind schnell gemacht – perfekt also für Dekorationen, die in letzter Minute entstehen!

Für eine Kugel benötige ich ca. 10 Lagen Seidenpapier und Packpapier oder Geschenkpapier, das vom Muster her zum Seidenpapier passt. Danach suche ich mir ein Glas oder eine andere kreisrunde Vorlage, die der späteren Größe der Kugeln entspricht. Den Radius übertrage ich auf die 10 Lagen Seidenpapier und auf das Geschenkpapier. Pro Kugel rechne ich ungefähr 4 Kreise Geschenkpapier und 10 Kreise Seidenpapier.

Jetzt schichte ich alle Kreise aufeinander und zwar so, dass die Geschenkpapierkreise immer zwischen 2–3 Lagen Seidenpapier liegen. Mit einer Nähmaschine nähe ich genau durch die Mitte aller Kreise.

Am leichtesten ist es, wenn man die Mitte der Kreise vorher markiert. Kreise dafür einfach mittig falten und anschließend durch die Faltnaht nähen.

An beiden Enden sollte man ein Stückchen Faden übrig lassen. Unten, damit sich die Naht nicht auflöst, und oben, damit der Faden gleichzeitig als Aufhängung dient.

WIMPELGIRLANDE

Goldpapier
Schere
Garn
Heiß- oder Bastelkleber

Eine Wimpelgirlande aus Goldpapier braucht ebenso wenig Vorbereitungszeit.

Einfach die Wimpel aus einem gefalteten Streifen Goldpapier ausschneiden und mit Heißkleber an ein Garn kleben.

LEBKUCHENSTADT

*Eine Lebkuchenstadt ist immer eine schöne
Dekoration. Es müssen ja nicht immer die
klassischen Lebkuchenhäuser sein – hier
habe ich für unseren Wohnzimmertisch eine
Stadt aus Wolkenkratzern gebaut!
(s. Rezept Seite 77, gleiche Zubereitung
des Teigs.)*

Die Vorlagen mit Lineal und Bleistift auf
einem festen Karton vorzeichnen. Alle Teile
ausschneiden und prüfen, ob die Vorder- und
Hinterfronten, die Seiten und das Dach in der
Größe zueinander passen.

Im Internet gibt es viele bebilderte
Schritt-für-Schritt-Anleitungen, die bei
der Konstruktion Hilfestellung geben.

Auf einer bemehlten Arbeitsfläche den Teig
ca. 4 mm dünn ausrollen. Damit die Vorlagen
nicht am Teig kleben bleiben, diese ebenfalls
fein mit Mehl bestäuben und darauflegen.
Mit einem Messer die Häuser ausschneiden.
Auch die Fenster und Türen nicht vergessen.
Die ausgeschnittenen Teigteile auf einem mit
Backpapier ausgelegten Backblech verteilen
und bei 180 Grad Ober-/Unterhitze (ca. 10 bis
12 Minuten) backen. Danach vollständig auskühlen lassen.

Die Häuserteile mit Royal Icing aneinanderkleben (s. Rezept Seite 108). Das Royal Icing
lässt sich auch hier am einfachsten in einem
Spritzbeutel mit dünner Lochtülle (2 mm) auftragen. Die Seitenteile nacheinander aufkleben. Am besten schrittwese vorgehen: Immer
wenn ein Teil angeklebt und fest geworden ist,
das nächste anbringen.

MATERIAL

Karton / Lineal / Bleistift / Schere / Messer /
Lebkuchenteig / Royal Icing / Spritzbeutel /
Lochtülle

WANDDEKORATION STERN

Wenn ich die Wände mit selbst gebastelten Sternen schmücke, wird unser Zuhause so richtig weihnachtlich.

So geht's: Eine Sternvorlage erstellen. Der Stern sollte entweder 5 oder 6 Zacken haben.

Viele Vorlagen gibt es zum Downloaden im Internet.

Vorlage auf farbigen Fotokarton übertragen und den Stern ausschneiden. Eine Schere öffnen und mit der Schneide eine Linie von einer Sternspitze zur gegenüberliegenden ziehen. Danach den Stern entlang der Linien falten, sodass er dreidimensional wird. Zum Schluss den Stern in Form biegen.

Auf der Innenseite ein doppelseitiges Klebeband oder Masking Tape anbringen und den Stern an die Wand kleben.

MATERIAL

Sternvorlage
Stift
Fotokarton
Schere
doppelseitiges Klebeband
  oder Masking Tape

BÄUMCHENANHÄNGER
AUS ZAHNSTOCHERN

Als Dekoration für Advent bastle ich mir
gern kleine Bäumchen. Dafür schneide ich
die Spitzen von Zahnstochern ab und klebe
sie aneinander.

Für die Seiten schneide ich zwei Zahnstocher
in gleicher Länge ab und kürze dann den
Zahnstocher, der das Bäumchen nach unten
abschließt, etwas mehr. So ergibt sich eine
schöne Baumform und es bleibt noch ein
kleiner Abschnitt für den Baumstamm übrig.
Alle Teile klebe ich mit einem winzigen Klecks
Heißkleber zusammen, denn Heißkleber trocknet sehr schnell und vor allem auch sehr fest.

Um die Klebespuren zu überdecken und
damit es noch schöner aussieht, habe ich
diese Bäumchen hier mit mattem Acryllack
bestrichen.

Als Aufhängung nehme ich eine Schnur, die
ich an der Spitze des Bäumchens verknote.

MATERIAL

Zahnstocher
Schere
Heißkleber
Acryl-Mattlack in verschiedenen Farben
Schnur (z.B. Bakers Twine)

PAPIERORNAMENTE UND ORIGAMIVÖGEL

Eine schöne Dekoration zur Adventszeit sind selbst gefaltete Origamivögel. Ich habe Tauben gefaltet. Viele Schritt-für-Schritt-Anleitungen findet man im Internet. Die Tauben habe ich auf eine Schnur gefädelt und mit Perlen behängt.

Schön sind auch selbst gemachte Papierornamente. Zuerst falte ich ein Papier der Länge nach und zeichne eine Form auf, die mir gefällt. Dann schneide ich sie mit der Schere aus. Für jedes Ornament benötige ich 4—6 solcher gefalteter Formen, die je Ornament immer die gleiche Form haben sollen.

Manchmal beschränke ich mich auf eine einzige Papiersorte oder verarbeite pro Figur 2 verschiedene Papiere. Schön sieht es aus, wenn sich ein gemustertes und ein einfarbiges Papier abwechseln.

Zum Schluss klebe ich die Schnur für die Aufhängung zwischen 2 Papiere und verziere sie vielleicht noch mit Holzperlen. Fertig ist das Ornament!

MATERIAL

Papier
Anleitung für eine Origami-Taube
Schnur
Perlen

einfarbiges und/oder gemustertes Papier
Stift
Schere
Bastelkleber
Schnur
Perlen

NIKOLAUS,
PUNSCH UND CO.

ZUR ADVENTSZEIT GIBT ES VIELE ANLÄSSE, DIE SICH FÜR EINE KLEINE FEIER EIGNEN. GERADE AM NIKOLAUSTAG HABE ICH ES IMMER GERN, WENN DAS HAUS VOLL IST UND ICH UNSEREN TISCH MIT SCHOKO-NIKOLÄUSEN VERZIERE. AUF DEM SWEETTABLE HÄUFEN SICH VIELE LECKEREIEN:

SCHOKOLADEN-CANDY-CANE-CUPCAKES
für mindestens 30 kleine oder ca. 12 große Heringen

120 g Butter
80 g Zucker
1 Pck. Bourbon-Vanillezucker
2 Eier
120 g Mehl
1 TL Backpulver
25 g Kakao
3 EL Milch

120 g weiche Butter
1 Pck. Vanillezucker
1 TL Pfefferminzextrakt
70 g Puderzucker
350 g Doppelrahmfrischkäse

Zuckerstangen

Butter mit Zucker und Vanillezucker schaumig schlagen. Eier zufügen und cremig rühren. Mehl mit Backpulver und Kakao mischen und unterrühren. Zum Schluss die Milch untermengen.

Ein Muffinblech mit 12 Papierförmchen auslegen und darin den Teig verteilen. Im vorgeheizten Backofen bei 180 Grad Ober-/Unterhitze ca. 20–25 Minuten backen. Mit einem Holzstäbchen testen, ob der Teig durch ist. Abkühlen lassen.

Für das Frosting Butter mit Vanillezucker, Pfefferminzextrakt und Puderzucker glattrühren. Frischkäse hinzufügen und die Masse nochmals gut verrühren. In einen Spritzbeutel mit großer Sterntülle füllen und auf den Cupcakes verteilen.

Zuckerstangen in einen Gefrierbeutel geben und zerstoßen. Die Zuckerkrümel auf dem Frosting verteilen.

Ein paar von den Cupcakes habe ich mit Sterntoppern verschönert.
Dazu aus Fotokarton mit einem Stern-Motivstanzer Sterne ausstanzen. Mit Bastelkleber dünn einpinseln und den Silberglitter darüberstäuben. Die Sterne an kleine Holzstäbchen kleben.

MATERIAL   Silberglitter / Motivstanzer Stern / Bastelkleber / Fotokarton / Holzstäbchen

Auf jedem Tischset findet sich ein Teller mit einem Nikolaus. Als rote Farbtupfer habe ich kleine Flaschen mit Cranberrysaft auf dem Tisch verteilt. Jeder Gast bekommt von mir ein kleines Geschenk, das ich neben die Teller gelegt habe. Die Origamiboxen, die ich gebastelt habe, sind mit selbst gebackenen kleinen Minzbaisers gefüllt (s. Rezept Seite 68).

für 4 Gläser à 230 ml

WINTERLICHE MASCARPONE-PANNA-COTTA MIT TOFFEE-BRATÄPFELN

4 Blatt Gelatine
250 g Mascarpone
250 g Sahne
70 g Zucker
1 Vanilleschote
2 Kardamomkapseln
1/2 TL gemahlener Zimt

2 kleine Äpfel (200 g)
1 EL brauner Zucker
1/2 TL gemahlener Zimt
50 ml klarer Apfelsaft

(Karamellsoße s. Rezept
Seite 160)

Gelatine 10 Minuten in kaltem Wasser einweichen. In der Zwischenzeit Mascarpone mit Sahne, Zucker, Mark der Vanilleschote und der Schote, den angedrückten Kardamomkapseln und dem Zimt in einen Topf geben. Mit einem Schneebesen glatt verrühren und unter Rühren aufkochen lassen. 5 Minuten mit den Gewürzen ziehen lassen, dann die Vanilleschote und Kardamomkapseln entfernen. Aufgeweichte Gelatine hinzufügen und verrühren.

In Weckgläser füllen und auf Zimmertemperatur abkühlen lassen. Dann vollständig im Kühlschrank fest werden lassen.

Die Panna Cotta kann man auch gut am Vortag herstellen.

Äpfel schälen, entkernen und in kleine Stücke schneiden. Zucker in einem kleinen Topf schmelzen lassen. Äpfel zugeben, mit Zimt bestäuben und mit Saft ablöschen. Aufkochen und bei reduzierter Hitze ca. 5–10 Minuten einkochen lassen. Abkühlen lassen und auf der Panna Cotta verteilen. Karamellsoße darübergeben.

Unsere Trinkgläser habe ich mit Sternkeksen verziert.
Aus dem Grundrezept für Butterplätzchen (s. Rezept Seite 106) Sterne backen. Darauf achten, dass sie ein wenig größer sind als der Umfang vom Glas. Jeweils in die Mitte der Kekse ein kleines Loch für den Strohhalm stechen. Die abgekühlten Sterne nach Belieben mit Royal Icing verzieren. Strohhalme hineinstecken.

DEKO-TIPP!

Die Holzgabeln und -löffel für das Dessert habe ich mit Bastelkleber bestrichen und mit Silberglitter bestreut. Auch die Papieranhänger an den Desserts habe ich so verziert. Am leichtesten geht es, wenn ich den Bastelkleber auf einen Bleistift mit Radiergummi auftrage und damit den Anhänger bestempele. Zum Schluss streue ich den Silberglitter darüber.

ZU NIKOLAUS BEKOMMEN MEINE TÖCHTER BEI UNS GANZ KLASSISCH STIEFEL, DIE ICH MIT KLEINIGKEITEN BEFÜLLE. DAMIT WIR NICHT JEDES JAHR DEN GLEICHEN STIEFEL VERWENDEN MÜSSEN, HABE ICH MIR DIESES JAHR ETWAS BESONDERES AUSGEDACHT UND DIE STIEFEL AUS TAPETENRESTEN HERGESTELLT.

NIKOLAUSSTIEFEL AUS TAPETENRESTEN

MATERIAL

Vinyl-Tapetenreste
Karton
Stift
Schere
Nähmaschine oder Nadel
  mit Faden
Borten und Bänder
Keramiplast
Schlagbuchstaben
Glöckchen

Am besten verwendet man dafür Vinyl-Tapetenreste. Auf einem Karton habe ich meine Stiefelvorlage aufgezeichnet und sie auf die Rückseite der Tapeten übertragen. Man muss nur aufpassen, dass man jeweils einen rechten und einen linken Stiefel ausschneidet, damit beim Zusammennähen immer die bedruckte Seite der Tapete beidseitig außen ist.

Mit meiner Nähmaschine habe ich die beiden Stiefelteile im Zickzackstich aneinandergenäht und für die Aufhängung den Faden an einer Seite etwas länger gelassen.

Zum Schluss habe ich die Stiefel mit Borten beklebt und mit kleinen, länglichen Anhängern aus Keramiplast versehen. Mit Schlagbuchstaben habe ich darauf die Namen meiner Töchter und „Vom Nikolaus ..." gestempelt und sie zusätzlich mit kleinen Glöckchen verziert.

Wer keine Nähmaschine besitzt, kann die Stiefel auch mit der Hand zusammennähen.

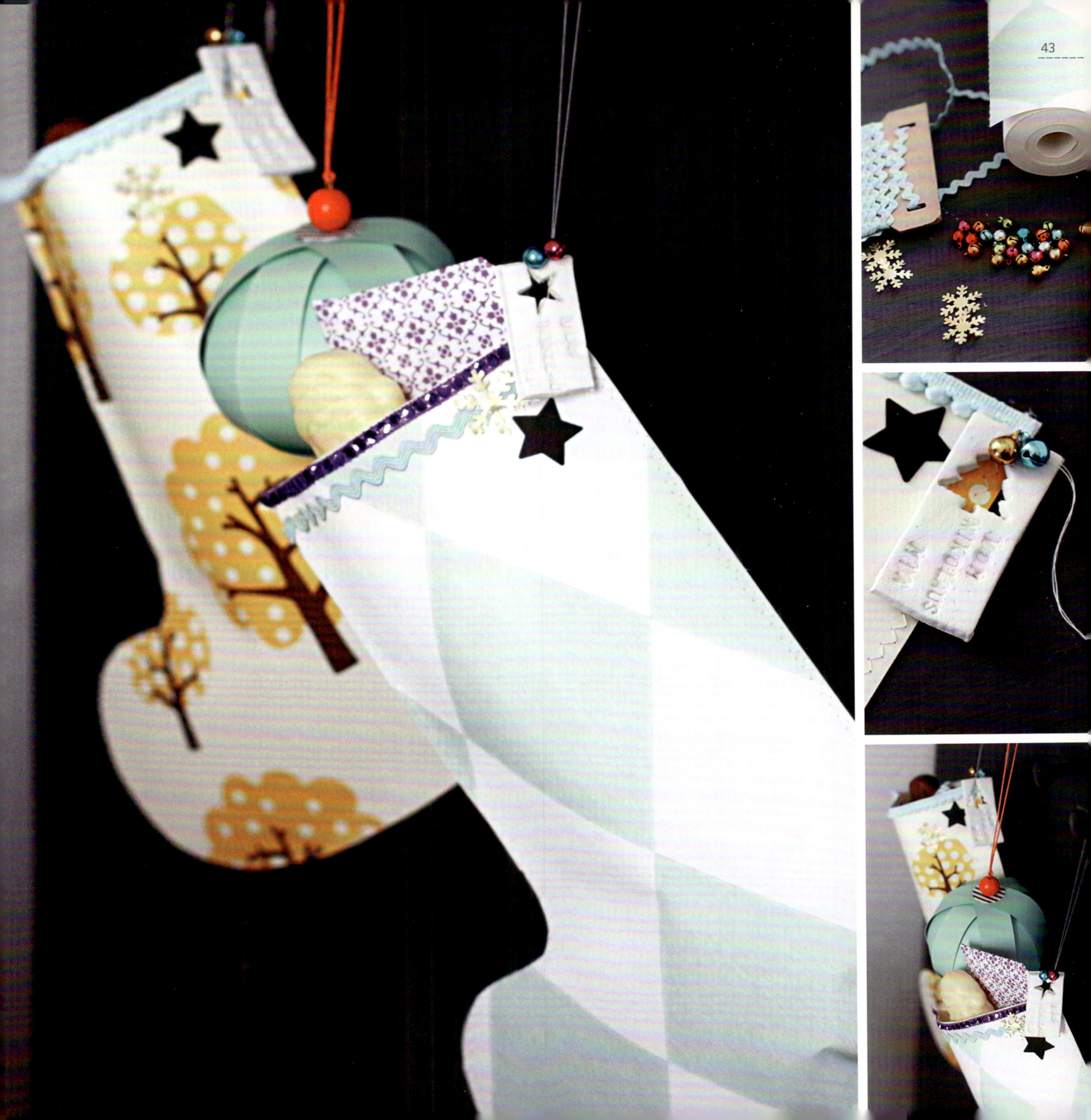

BIRNENPUNSCH

für ca. 6 Gläser à 250 ml

750 ml Weißwein
750 ml klarer Birnensaft
80 g brauner Zucker
1 Vanilleschote
1 Zimtstange
2 Sternanis
4 Nelken
Schale einer Bio-Zitrone

evtl. 2 reife, aber feste Birnen
2 cl Birnengeist

Wein mit Birnensaft in einen hohen Topf geben. Braunen Zucker, Mark der Vanilleschote mit Schote, Zimtstange, Sternanis, Nelken und Zitronenschale hinzufügen. Punsch kurz aufkochen und ca. 15 Minuten ziehen lassen.

Die Birnen von der Unterseite her entkernen, am besten mit einem kleinen Kugelausstecher (für Melonen). Der Länge nach in ca. 3 mm dünne Scheiben schneiden. Die letzten 5 Minuten im Punsch mitziehen lassen.

Die Birnen sehen im Punsch schön aus, sind für den Geschmack aber nicht unbedingt notwendig.

Mit Birnengeist ablöschen und abschmecken. Noch heiß servieren.
Wer den Punsch süßer möchte, kann gern mit braunem Zucker nachsüßen.

✷✷✷

Aus weißem Fotokarton habe ich Sterne ausgestanzt und mit Heißkleber auf Holzstäbchen geklebt. Damit lassen sich die Birnen sehr gut aus dem Punsch fischen.

MATERIAL   weißer Fotokarton / Stanzer mit Sternmotiv / Heiß- oder Bastelkleber / Holzstäbchen (Zahnstocher oder Holzstäbchen für Partyfood)

YOGI-TEE für 5 Portionen bzw. Gläser

5 schwarze Pfefferkörner
1,2 l Milch
2 Zimtstangen
2 Sternanis
5 Kardamomkapseln
1 Vanilleschote
2 EL schwarzer Tee
Honig

Pfefferkörner in einem Mörser zermahlen. Milch in einen Topf geben und erhitzen. Zimtstangen, Sternanis, angedrückte Kardamomkapseln, Mark der Vanilleschote und Schote zugeben. Alles ca. 15 Minuten bei schwacher Hitze ziehen lassen. Immer wieder umrühren. Schwarztee in ein Teesieb füllen und 5 Minuten vor Ablauf der Zeit hinzufügen. Ebenfalls in der Milch ziehen lassen. Gewürze und Tee entfernen.

Mit Honig abschmecken und noch heiß servieren.

CHAI-ORANGENPUNSCH für 4 Portionen bzw. Gläser

400 ml Wasser
2 Beutel Chai-Tee
  (Gewürzteemischung)
1 l Orangensaft
2 Zimtstangen
4 angedrückte
  Kardamomkapseln
Honig

Wasser aufkochen und Chai-Tee darin 10 Minuten ziehen lassen. Tee in einen Topf füllen und mit Orangensaft aufgießen. Alles auf dem Herd langsam erhitzen.

Währenddessen Zimtstangen und Kardamom zugeben und alles ca. 30 Minuten bei geringer Hitze im geschlossenen Topf ziehen lassen.

Mit Honig abschmecken.

BRATAPFELPUNSCH für 6 Portionen bzw. Gläser

1,5 l klarer Apfelsaft
1 Vanilleschote
4 Nelken
2 Zimtstangen
3 EL brauner Zucker
1 Bio-Zitrone
2 säuerliche Äpfel

Saft in einen Topf schütten und langsam aufkochen lassen. Vanilleschote ausschaben und Mark und Schote mit Nelken, Zimtstangen, braunem Zucker und Schale der Bio-Zitrone hinzufügen und in dem Sud ca. 30 Minuten bei reduzierter Hitze und geschlossenem Deckel ziehen lassen.

10 Minuten vor Ende der Garzeit Äpfel waschen und mit einem Apfelausstecher die Kerngehäuse ausstechen. In dünne Scheiben schneiden und zum Punsch geben.

Sehr schön sieht es aus, wenn man aus einigen Apfelscheiben mit kleinen Plätzchenausstechern oder Fondantausstechern Sterne aussticht.

Abschmecken und evtl. noch braunen Zucker hinzufügen. Heiß servieren!

Wer gern eine Variante mit Alkohol machen möchte, der reduziert den Apfelsaft auf 750 ml und gibt zusätzlich 750 ml trockenen Weißwein dazu. Zum Schluss mit 4 cl Calvados abschmecken.

GLÜHWEIN für 6 Portionen bzw. Gläser

1,5 l trockener Rotwein
4 cl brauner Rum
2 Bio-Zitronen
4 Bio-Orangen
1 Vanilleschote
1 Zimtstange
4 Nelken
150 g weißer Zucker

Rotwein in einen Topf geben und erwärmen. Wenn der Wein schön warm ist, den Rum hinzufügen. Die Zitronen und die Orangen heiß abspülen und in ca. 5 mm dicke Scheiben schneiden. Dabei vor allem aus den Zitronen die Kerne entfernen.

Die Vanilleschote auskratzen und das Mark mit der Schote und den Früchten, der Zimtstange, den Nelken und dem Zucker zum Wein geben. Alles zum Köcheln – nicht zum Kochen (!) – bringen und 1 Stunde ziehen lassen.

Gewürze und Früchte entfernen und noch heiß servieren.

CLEMENTINEN-INGWER-PUNSCH
für ca. 6 Portionen bzw. Gläser

6 Clementinen
1 cm frischer Ingwer
1 EL weißer Zucker
1,5 l trockener Weißwein
3 EL brauner Rohrzucker
1 Vanilleschote
2 Zimtstangen
2 EL weißer Rum

Den Saft aus den Clementinen pressen. Den Ingwer fein reiben. In einem großen Topf, der für den Punsch vorgesehen ist, 1 EL weißen Zucker zerlassen. Wenn er anfängt zu karamellisieren, den Topf kurz vom Herd nehmen. Den geriebenen Ingwer hinzufügen und sofort mit Weißwein ablöschen.

Clementinensaft, Rohrzucker, das Mark der Vanilleschote und die Schote, die Zimtstangen und den Rum hinzugeben und alles einmal aufkochen lassen. Bei geringer Wärmezufuhr ca. 20 Minuten ziehen lassen. Die Vanilleschote und die Zimtstangen entfernen und noch heiß servieren.

DEKO-TIPP!

Unseren Clementinenpunsch habe ich in Tassen gefüllt und sie auf selbst bemalten Untersetzern serviert. Dazu habe ich einfache weiße Fliesen verwendet und mit schwarzem Porzellan-Painter eine Stadt mit Schneeflocken aufgemalt. Die Fliesen habe ich dann entsprechend der Gebrauchsanweisung des Porzellan-Painters im Ofen erhitzt, damit die Farbe einbrennt und auch nach dem Abwasch und nach der Benutzung noch hält.

MATERIAL   weiße Fliesen / schwarzer Porzellan-Painter

BASTELN
MIT KINDERN

MEINE TÖCHTER SIND RIESENGROSSE FANS VON HAMA-PERLEN UND KÖNNEN SICH STUNDENLANG DAMIT BESCHÄFTIGEN, KLEINE BILDCHEN ZU STECKEN. BESONDERS VIEL SPASS HABEN SIE DABEI, WENN SIE AN WEIHNACHTEN IHRE GRUSSKARTEN DAMIT VERZIEREN DÜRFEN.

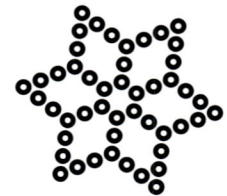

GRUSSKARTEN AUS HAMA-PERLEN

MATERIAL

Hama-Perlen
Steckrahmen für
  Hama-Perlen
Bügeleisen
Backpapier
Blanko-Grußkarten
Bastelkleber
Dymo-Labelmaker

Wir haben uns weihnachtliche Motive und Hama-Perlen in den gewünschten Farben ausgesucht und uns die dafür benötigten Steckrahmen besorgt.

Am leichtesten geht es mit runden, achteckigen und eckigen Steckrahmen.

Viele Vorlagen für Motive findet man im Internet. Es eignen sich aber genauso gut Vorlagen für Kreuzstickmuster. Wenn sich die Kinder ein Muster ausgesucht haben, können sie gleich beginnen und nacheinander die Perlen aufstecken.

Wenn die Kunstwerke fertig sind, fixiere ich die Perlen nach Anleitung mit Backpapier und Bügeleisen und lasse sie abkühlen.

Danach bestreichen wir sie mit Bastelkleber und kleben sie auf leere Grußkarten.

Wer möchte, kann mit Dymo-Labelmaker noch Worte wie „Frohe Weihnachten" oder „Schöne Festtage" ausstanzen und aufkleben.

MERRY X-MAS

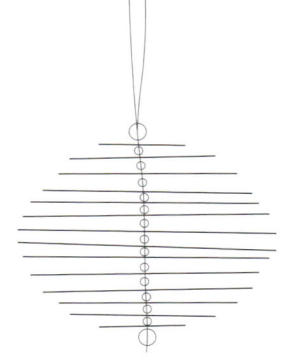

GERADE ZUR ADVENTSZEIT, WENN WIR GROSSE VORRÄTE AN PAPIER ZU HAUSE HABEN, IST BASTELN MIT PAPIER GROSS ANGESAGT. BESONDERS MEINE TÖCHTER SCHNEIDEN DANN GERN TOLLE DINGE AUS UND DEKORIEREN DAS GANZE HAUS MIT IHREN FERTIGEN „KREATIONEN".

PAPIERORNAMENT

MATERIAL

Zirkel
Fotokarton
gemustertes Papier
  oder Geschenkpapier
Tonpapier
Schere
Ideal: Prickelnadel
stumpfe Sticknadel
Garn (z.B. Bakers Twine)
mindestens 14 kleine
  Perlen pro Ornament

Besonders beliebt sind Papierornamente. Damit die Kinder sofort loslegen können, fertige ich ihnen Vorlagen an, die sie auf ihr Papier übertragen. Die Kreise sollten für das Ornament in mindestens 7 verschiedenen Größen angefertigt werden und für den Baum (s. Seite 58) in 5 Größen.

Zuerst zeichne ich einen Kreis, dessen Durchmesser ungefähr 8 cm betragen sollte, mit einem Zirkel auf Fotokarton auf und schneide ihn aus. Die Durchmesser der folgenden Kreise verringere ich jeweils um 0,5–1 cm, sodass der letzte Kreis ungefähr einen Durchmesser von 2 cm hat.

Bei dem Baum beginnt man mit einem Durchmesser von 7 cm und stuft die weiteren 4 Kreise so ab, dass der letzte Kreis einen Durchmesser von ca. 3 cm hat.

Jedes Kind wählt ein gemustertes Papier und ein farbiges Tonpapier aus und überträgt die Kreise insgesamt zweimal auf beide Papierbögen. Diesen Vorgang wiederholt es mit allen Größen. Danach schneidet es die Kreise aus und erhält von jedem Kreis 4 Exemplare.

Wer kleinere Kinder hat, zeichnet die Kreise am besten auch auf das Papier auf und lässt sie dann mit der Schere ausschneiden.

Anschließend markieren die Kinder die Mitte der Kreise mit einem Punkt und stechen mit einer Prickelnadel ein Loch hinein. Nun fädeln sie die Kreise der Größe nach auf. Dafür ziehen sie dünnes Garn durch eine stumpfe Sticknadel und beginnen mit einem Tonpapierkreis der kleinsten Größe. Danach folgt ein gemustertes Papier der gleichen Größe und danach eine kleine Perle, die bereitliegt. Jeweils zwei Papierkreise der nächsten Größe auffädeln und wieder mit einer Perle abtrennen. So fortfahren, bis die Kreise der letzten Größe an die Reihe kommen. Bei der größten Größe werden alle 4 Kreise hintereinander aufgefädelt, aber auch hier wie gehabt nach 2 Papieren mit einer Perle getrennt. Jetzt geht das Auffädeln der Kreise wieder rückwärts, bis das Ornament mit den kleinsten Kreisen endet und einer Perle abschließt. Um es optisch schöner zu gestalten, können die Kinder noch weitere Perlen auffädeln. Für die Aufhängung wird die Schnur einfach verknotet.

PAPIERBAUM

Für den Baum benötigen die Kinder pro Größe mindestens 3 Kreispaare: 3 Kreise aus gemustertem Papier und 3 Kreise aus Fotokarton.

Für die Bäume eignet sich Fotokarton besser als Tonpapier, weil er stabiler ist.

Insgesamt schneidet ein Kind für seinen Baum 30 Kreise aus. In die Mitte der Kreise bohrt es ein Loch. Da die Kreise auf einen Lollistick aufgesteckt werden, muss es ein bisschen größer sein als das Loch, das für die Ornamente vorgesehen war. Die Kinder reihen die Kreise nacheinander auf ihrem Lollistick auf und beginnen mit dem größten Kreis. Sie wechseln so lange Fotokarton und gemustertes Papier ab, bis sie bei dem kleinsten Kreis angekommen sind.

Unten am Baumstamm sollten sie darauf achten, einen kleinen Abstand zu lassen, damit sich die Kreise nicht bis ganz ans Ende schieben lassen. Um den Baum zu verankern, wird in eine kleine Astscheibe ein Loch gebohrt. Damit der Lollistick in dem gebohrten Loch einen stabilen Halt hat, fixiere ich ihn mit Heißkleber. Als Baumspitze stanzen die Kinder aus Fotokarton einen Stern und befestigen ihn mit Bastelkleber.

MATERIAL

Fotokarton für die Vorlage
Zirkel
Fotokarton
gemustertes Papier
Schere
Lollistick
Astscheibe
Heißkleber
Motivstanzer Stern
Bastelkleber

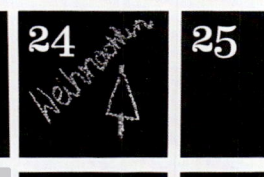
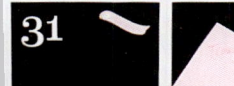

FIMO-STADT

Vor allem meine große Tochter hat sehr viel Spaß daran, mit Fimo zu kneten und Figuren zu formen. Für Weihnachten hat sie sich eine kleine Stadt gebaut.

Mithilfe eines abgerundeten Messers hat sie aus dem Fimo Häuser geschnitten und sie in Form geknetet.

Natürlich gehörten zur Winterlandschaft ein kleiner Schneemann und Weihnachtsbäume auch noch mit dazu!

Die Fimo-Teile haben wir nach Anwendungshinweis auf der Verpackung im Ofen aushärten lassen. Nach dem Abkühlen haben wir sie mit Heißkleber auf eine runde Geschenkschachtel geklebt.

Fimo ist eher für ältere Kinder ab ca. 8 Jahren geeignet.

MATERIAL

Fimo in verschiedenen Farben
Messer
runde Geschenkschachtel
Heißkleber

KLEINE ZAPFENBÄUME

*Meine kleine Tochter hat aus Kiefernzapfen
kleine Weihnachtsbäume gebastelt. Ein paar
Zapfen hat sie mit Acryllack eingepinselt und
mit kleinen Pompoms geschmückt. Das sind
sozusagen die Weihnachtskugeln.*

Die Pompoms haben wir einfach von Pompomborten abgeschnitten und mit Bastelkleber auf die Zapfen geklebt. Mal sind die
Kugeln bunt und mal sind sie Ton in Ton!

Pompomborten gibt es im Näh- oder
Bastelbedarf zu kaufen.

Zapfenbäume sind auch ein toller
Schmuck für bemalte Sperrholz-
schachteln! Oder man befestigt an
ihnen Bänder und hängt sie an Äste
oder den großen Weihnachtsbaum.

MATERIAL

Kiefernzapfen
Acryllack
Pinsel
Pompomborte oder lose Pompoms
Bastelkleber

BIENENWACHSKERZEN

Meine Kinder machen ihren Freunden immer gern kleine Geschenke, vor allem natürlich zur Adventszeit. Alle beide haben ein großes Faible für Bienenwachs, deshalb haben wir uns mit Bienenwachsplatten und Plätzchenausstechern ans Werk gemacht.

Damit meine Kinder die Figuren leichter ausstechen konnten, haben wir die Bienenwachsplatten vorher mit den Händen ein bisschen aufgewärmt.

Danach haben meine Töchter mit Pätzchenausstechern Figuren ausgestochen. Hier muss man beachten, dass man beim Zusammenfügen der beiden Figuren jeweils eine linke und eine rechte Seite braucht, damit die Figur genau symmetrisch ist und die schönen Seiten immer nach außen zeigen.

In die Mitte einer Bienenwachsfigur haben meine Mädchen einen Docht gelegt. Wenn er zu lang war, haben sie ihn auf die richtige Länge gekürzt, auf der Figur festgedrückt und dann das Gegenstück daraufgesetzt.

MATERIAL

Bienenwachsplatten
Plätzchenausstecher
Docht

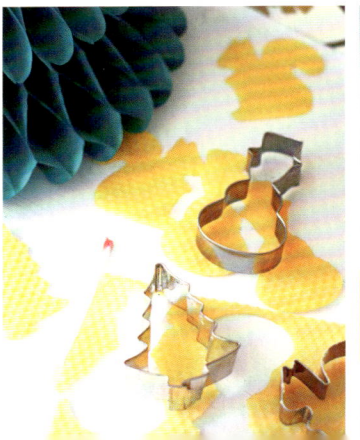

VOR WEIHNACHTEN HABEN WIR UNS MIT EINER MENGE VON WINTERLICHEN FIGUREN UND BÄUMEN, DIE ES FÜR MODELLEISENBAHNEN GIBT, EINGEDECKT. MEINE MÄDCHEN KONNTEN SICH SEHR DAFÜR BEGEISTERN UND HABEN VIEL DAMIT GEBASTELT. SO SIND ZUM BEISPIEL AUF ASTSCHEIBEN UND SPANHOLZSCHACHTELN KLEINE WINTERLANDSCHAFTEN ENTSTANDEN.

WINTERLANDSCHAFTEN AUS ASTSCHEIBEN UND LEEREN ZÜNDHOLZSCHACHTELN

MATERIAL

Astscheiben
Spanholzschachteln
weißer Acryllack
winterliche Modelleisenbahn
Figuren und Bäume
Bastelkleber
Dekoschnee
Zündholzschachteln
Ideal: Prickelnadel für das
  Bohren der Löcher für die
  Aufhängung
weihnachtliches Bastelpapier
Garn (z.B. Bakers Twine)
Goldglimmer

ASTSCHEIBEN

Die Scheiben haben meine Töchter mit weißem Acryllack bemalt. Nach dem Trocknen haben sie die Figuren und Bäume mit Bastelkleber aufgeklebt. Um die Winterstimmung zu unterstreichen, haben sie zum Schluss die Oberseiten der Scheiben dünn mit Bastelkleber bestrichen und sie mit Dekoschnee bestäubt.

ZÜNDHOLZSCHACHTELN

Wir haben auch leere Zündholzschachteln beklebt. Dazu haben wir den inneren Teil der Zündholzschachteln herausgenommen. Weil wir sie als Hängeornamente verwenden wollten, habe ich vorher in die obere Seite der Schachtel zwei kleine Löcher für die Aufhängung gebohrt, ein Garn durchgezogen und verknotet. Meine Töchter haben kleine Stücke von weihnachtlichem Bastelpapier abgeschnitten und in die Innenseite geklebt. Die Figuren haben sie wieder mit Bastelkleber auf dem Boden fixiert und auch hier Dekoschnee verteilt. Den äußeren Rand der Schachteln haben sie dünn mit Bastelkleber eingestrichen und Goldglimmer darübergestäubt.

Astscheiben gibt es günstig im Floristenbedarf!

KURZ VOR WEIHNACHTEN WAREN WIR IM BALLETT. WIR HABEN UNS „NUSSKNACKER" ANGESEHEN UND WAREN BEGEISTERT, WIE WUNDERBAR DIE TÄNZERINNEN PIROUETTEN DREHEN KONNTEN. ZU HAUSE HABEN WIR DANN GLEICH AM NÄCHSTEN TAG EINEN NUSSKNACKER UND BALLERINAS IN HÜBSCHEN TUTUS GEBASTELT.

NUSSKNACKER UND BALLERINA

MATERIAL

Tonpapier
Fotokarton
Stift
Schere
Bastelpapier
Klammern aus dem
   Scrapbookbedarf
Borten
Garn
Pompom
Bastelkleber

VORLAGE

Auf Tonpapier habe ich eine Vorlage aufgezeichnet, die meine Töchter fürs Ausschneiden verwendet haben. Dazu habe ich ein Tonpapier in der Mitte gefaltet und zur Hälfte eine Ballerina mit erhobenen Armen und Röckchen aufgemalt und ausgeschnitten. Nach dem Aufklappen ergibt sich eine symmetrische Figur.

Bei dem Nussknacker bin ich genauso vorgegangen. Den Kopf und den Oberkörper habe ich wieder zur Hälfte aus dem gefalteten Papier geschnitten, nur die Arme und Beine habe ich im Ganzen ausgeschnitten und dann mit kleinen Klipps aus dem Scrapbookbedarf am Körper befestigt, damit die Gliedmaßen beweglich sind.

ÜBERTRAGEN AUF FOTOKARTON

Meine Töchter haben die Vorlagen mit einem weißen Holzstift auf einen schwarzen Fotokarton übertragen, den sie auch einmal in der Mitte gefaltet hatten. Danach haben sie die Figuren ausgeschnitten und aufgeklappt, wie ich bei meiner Vorlage.

Für das Röckchen der Ballerina haben wir mit einem Zirkel einen Kreis auf bedrucktes Bastelpapier aufgemalt und ausgeschnitten. Die Kreise wurden jeweils 3-mal auf die Hälfte gefaltet und dann wie bei Schneeflocken, die man zu Weihnachten gern ans Fenster hängt, Formen wie Herzen, Kreise oder Rauten ausgeschnitten.

Die Spitze am Ende haben wir einmal gerade abgeschnitten, um der Ballerina das Röckchen anziehen zu können. Danach haben wir den Tänzerinnen die Röckchen übergestreift und die Figuren wieder aufgeklappt. Zum Schluss haben wir an den Armen ein Stückchen Garn befestigt und die Figur aufgehängt.

Unseren Nussknacker haben meine Mädchen mit Bastelpapier und Borten verschönert. Außerdem haben sie die Haare und den Bart aus Tonpapier ausgeschnitten und alles mit Bastelkleber aufgeklebt. An der Mütze hat ein kleiner Pompom, den wir von einer Pompomborte abgeschnitten haben, seinen Platz gefunden. Und damit der Nussknacker die schönen Ballerinas, die um ihn herum tanzen, bewundern kann, haben wir ihm auch noch Augen geschenkt.

GESCHENKE
AUS DER KÜCHE

MINZBAISERS

für mindestens 30 kleine oder ca. 12 große Meringen

Für die Nikoläuse (s. Seite 38) verwende ich große Baisers,
für meine Geschenke aus der Küche viele kleine.

3 Eiweiß
160 g feiner Zucker
1 Pck. Vanillezucker
1 TL Minzextrakt
nach Belieben: rote oder
 pinke Lebensmittelpaste

zusätzliche Zutaten für die
Geschenke aus der Küche:
2 Zuckerstangen

Eier sauber trennen und darauf achten, dass kein Eigelb ins Eiweiß gelangt. Eiweiß steif schlagen. Zucker mit Vanillezucker mischen und während des Rührens nach und nach in das steif geschlagene Eiweiß einrieseln lassen. Minzextrakt zugeben und noch einmal verschlagen.

Minzextrakt bekommt man im Feinkostladen oder bestellt es über das Internet. Wer kein Minzextrakt beziehen kann, aromatisiert seine Baisers am besten mit Rosen- oder Orangenblütenwasser.

Für die Nikoläuse: Wer seine Baisers gern marmorieren oder ein bisschen bunter aufpeppen möchte, färbt die Masse mit Lebensmittelpaste ein. So geht's: Mit einer Kuchengabel vorsichtig Lebensmittelfarbe aufnehmen und unter die Masse ziehen, bis sich Streifen ergeben.

Die Eiweißmasse mit einem Esslöffel abstechen und auf ein mit Backpapier ausgelegtes Backblech geben. Vielleicht noch mit dem Esslöffel in Form bringen.

Im vorgeheizten Ofen bei 90 Grad 2 Stunden lang trocknen lassen. Eines der Stücke in der Mitte brechen, um zu testen, ob die Baisers schon richtig durch sind. Wenn es noch zu feucht ist, die Trocknungszeit um ca. 30 Minuten verlängern.

Für die Geschenke aus der Küche: Die Hälfte der Baisermasse in eine zweite Schüssel geben und mit pinker Lebensmittelpaste vorsichtig einfärben. Beide Massen in je einen Spritzbeutel mit Sterntülle füllen und kleine Rosetten auf ein mit Backpapier ausgelegtes Backblech spritzen. Für die Verzierung die Zuckerstangen zerbröseln und über die Baisers streuen.

Bei 90 Grad ca. 1 Stunde im Ofen trocknen.

DEKO-
TIPP!

Verpackung:
Ich verpacke meine Baisers in selbstgefaltete Origamiboxen. Anleitungen, die Schritt für Schritt erklären, findet man hierzu im Internet.

CRANBERRYMARMELADE MIT PORTWEIN
für ca. 2 Gläser à 250 ml

2 Bio-Orangen
500 g Cranberries
250 g Gelierzucker 2:1
1 Vanilleschote
1 Zimtstange
2 EL roter Portwein

Die Orangen heiß abspülen und dünn schälen. Danach die Orangen auspressen.

Cranberries in einen hohen Topf geben. Orangensaft hinzufügen. Gelierzucker, Mark der Vanilleschote samt Schote, Zimtstange und die Orangenschalen untermengen und abgedeckt 1 Stunde ziehen lassen.

Anschließend den Sud unter ständigem Rühren aufkochen und 4 Minuten sprudeln lassen. Gewürze und Orangenschale entfernen, Portwein hinzufügen. In Gläser füllen.

Wer die Marmelade lieber komplett alkoholfrei haben möchte, lässt den Portwein einfach weg!

CRANBERRYSIRUP
für 1–2 kleine Flaschen

200 g Cranberries
100 g Zucker
200 ml Wasser
100 ml Cranberrysaft
100 ml frisch gepresster
  Orangensaft
Schale einer Bio-Orange
1 Vanilleschote

Cranberries verlesen und waschen. In einen Topf gemeinsam mit dem Zucker, Wasser, Cranberry- und Orangensaft geben. Die Bio-Orange dünn abschälen, Vanilleschote auskratzen und das Mark mit der Schote und der Orangenschale zu den Cranberries geben.

Alles aufkochen lassen und unter Rühren 4 Minuten lang einkochen lassen. Den Sirup durch ein Sieb abgießen, die Früchte ausdrücken und den Saft mit auffangen.

Sirup in eine Einweckflasche füllen.

DEKO-TIPP!

Ich habe meine Sirupflasche mit Buchstabenaufklebern und einem selbst gebastelten Baumanhänger (s. Anleitung Seite 34) verschönert.

ORANGEN-CHAI-TRIFLE
für 4 Portionen

80 ml Milch
4 Teebeutel Chai-Tee
 (Gewürzteemischung)
4 Orangen
200 g Sahne
2 Pck. Bourbon-Vanillezucker
250 g Mascarpone
1 EL Zucker
1 EL Grand Marnier
Fertig-Biskuitboden
Zimtpulver

Milch in einem Topf erwärmen. Von der Platte ziehen und Tee in den Teebeuteln ca. 30 Minuten darin ziehen lassen. Teebeutel wieder entfernen und die Chai-Milch abkühlen lassen. Orangen mit einem Messer schälen und die weiße Haut entfernen. Anschließend filetieren und dabei den Saft auffangen. Sahne mit Vanillezucker steif schlagen.

In einer zweiten Schüssel Mascarpone mit dem Zucker cremig aufschlagen. Chai-Tee hinzufügen und gut verrühren. Die steif geschlagene Sahne unterheben. Von dem aufgefangenen Orangensaft 2 EL in eine kleine Schüssel geben und mit dem Grand Marnier mischen.

Aus dem Biskuitboden 8 Kreise ausstechen. Ich habe dafür einen größeren Plätzchenausstecher verwendet. Die Biskuitkreise auf der Ober- und Unterseite mit dem Orangensaftgemisch einpinseln.

Alle Zutaten der Reihe nach in die Gläser schichten:

MIT ZIMTPULVER BESTÄUBEN
MIT EINEM KLECKS CREME ABSCHLIESSEN
ORANGENFILETS
BISKUITKREIS
EINEN GUTEN KLECKS CREME
ORANGENFILETS
BISKUITKREIS

Alles kühlstellen.

Wenn Kinder mitessen, einfach den Grand Marnier durch 1 weiteren EL Orangensaft ersetzen.

DEKO-TIPP!

Mein Orangen-Chai-Trifle fülle ich am liebsten in Weckgläser und reiche dazu Glitter-Holzlöffel (s. Anleitung Seite 154).

SCHOKOLADEN-RUMKUGELN für 15 Stück

50 ml Sahne
25 g Butter
100 g Vollmilchschokolade
100 g Zartbitterschoko-
    lade (70%)
1 TL gemahlener Zimt
2 EL Rum
Kakao zum Wälzen

Sahne und Butter in einem Topf erhitzen und die beiden Schokoladensorten unter ständigem Rühren darin auflösen.

Wenn alles geschmolzen ist, Zimt und Rum zufügen, umrühren und kaltstellen, bis die Masse eine feste Konsistenz erhält.

Mit einem Teelöffel Nocken abstechen und zu kleinen Kugeln formen. Die Kugeln in Kakao wälzen und nochmals kühlstellen.

MANDEL-TONKA-TRÜFFEL *für ca. 15 Stück*

100 g Zartbitter-
 schokolade (50%)
100 g weiche Butter
30 g Puderzucker
100 g gemahlene Mandeln
1 Msp. geriebene Tonkabohne
100 g gehackte Mandeln
 zum Wälzen

Zartbitterschokolade im heißen Wasserbad schmelzen. Butter mit Puderzucker, Mandeln und geriebener Tonkabohne vermischen. Schokolade unterrühren und alles kaltstellen, bis die Masse fest geworden ist.

Mit einem Teelöffel Nocken abstechen und zu Kugeln formen. In den gehackten Mandeln wälzen und nochmals kühlstellen.

✳ ✳ ✳

Als Verpackung für die Pralinen verwende ich gern Spanholzschachteln, die ich mit mattem Acryllack bemale. In die Mitte der Deckel bohre ich ein kleines Loch und drehe schöne Keramikknöpfe hinein.

MATERIAL Spanholzschachteln / Acryl-Mattlack / Pinsel / Keramikknöpfe / Akkuschrauber

WEISSE SCHOKOLADEN-VANILLE-TRÜFFEL für 8 Stück

100 ml Sahne
1 Vanilleschote
250 g weiße Schokolade
40 g Butter

Pralinenförmchen aus Papier

Blattgold

Sahne in einen Topf gießen und mit dem Mark der Vanilleschote unter Rühren erhitzen. Unter ständigem Weiterrühren die Schokolade darin schmelzen. Vom Herd nehmen und die Butter einrühren, bis die Masse glatt ist.

Die Trüffelmasse vollständig abkühlen lassen.

Es kann ein paar Stunden dauern, bis die Masse fest wird. Schneller geht es, wenn sie an einem kühlen Ort steht.

Die relativ feste Masse in einen Spritzbeutel mit mittelgroßer Sterntülle füllen und in kleine Pralinenförmchen spritzen. Mit Blattgold verzieren.

LEBKUCHEN-VOGELHAUS

MATERIAL

Lebkuchenteig
Vorlage aus Karton
Messer
Strohhalm
1 ganze Nelke
Royal Icing
Vorratsglas mit Deckel
Puderzucker

Ein kleines Lebkuchen-Vogelhaus ist immer ein schönes Mitbringsel.
Die Vorgehensweise ist ähnlich wie bei der Lebkuchenstadt (s. Seite 32).
Bevor ich das Blech in den Ofen schiebe, steche ich mit einem Strohhalm
noch ein rundes Fenster aus und drücke als Stange eine Nelke in den Teig.
Nach dem Backen bestäube ich das Dach des Häuschens mit Puderzucker.

Als Geschenkverpackung eignet sich am besten ein Vorratsglas
mit Deckel. Zuerst gebe ich eine ca. 2 cm hohe Schneelandschaft aus Puderzucker hinein und setze dann das Häuschen
darauf.

FÜR LEIDENSCHAFTLICHE BÄCKER IST SO EIN KLEINER KORB MIT BACKZUBEHÖR UND EINER SELBST GEMACHTEN BACKMISCHUNG EIN WUNDERBARES GESCHENK. BESONDERS HÜBSCH SEHEN DIE ZUTATEN IN EINER SPANSCHACHTEL AUS, DIE ICH MIT MASKING TAPE VERSCHÖNERT HABE. ALLES MÖGLICHE FINDET HIER SEINEN PLATZ: BACKFÖRMCHEN, KEKSSTEMPEL UND PLÄTZCHENAUSSTECHER, SILBERNE ZUCKERPERLEN UND ZUCKERSTANGEN IN EINER DURCHSICHTIGEN WEIHNACHTSKUGEL. FÜR MEINE BACKZUTATEN HABE ICH MIR KLEINE WECKGLÄSCHEN UND MILCHFLÄSCHCHEN BESORGT UND DIESE UNTERSCHIEDLICH BEFÜLLT.

GESCHENKPACKUNG MIT BACKZUBEHÖR

In das Fläschchen füllt man Folgendes:
80 g Mehl
30 g Haferflocken
30 g Zucker
1 Pck. Vanillezucker
30 g Schokotropfen
25 g getrocknete Cranberries

MATERIAL

Spanschachtel
Masking Tape

Die Backmischung für Cranberry-Hafer-Cookies habe ich in eine kleine Milchflasche abgefüllt und das Rezept dafür beigelegt. Hier stehen auch die Zutaten drauf, die man noch braucht, um die Plätzchen fertigzubacken.

Und hier die Anleitung zum Kopieren und Verschenken:

CRANBERRY-HAFER-COOKIES

★ **Zusätzlich zum Backen benötigt man:**
1 EL Milch
50 g weiche Butter
1 Eigelb

Backmischung in eine Schüssel füllen. Mit Milch, Butter und Eigelb vermengen und zu einem Teig mischen. Ein Backblech mit Backpapier auslegen. Mit zwei Teelöffeln vom Teig Nocken abstechen, die nicht zu groß ausfallen sollten. Zu Kugeln formen und diese auf das Backblech setzen. ★

Zwischen den Keksen genügend Abstand halten, weil sie beim Backen auseinanderlaufen. Bei 180 Grad im vorgeheizten Ofen bei Ober-/Unterhitze ca. 12–14 Minuten backen. Die Kekse rausnehmen, wenn sie beginnen, am Boden zu bräunen.

Abkühlen lassen!

GESALZENE KARAMELLBONBONS

für ca. 35 Stück

300 g Zucker
250 ml Sahne
2 Pck. Vanillezucker
grobes Meersalz

100 g Zucker in einer hohen Pfanne schmelzen und leicht karamellisieren. Von der Herdplatte ziehen und die Sahne, den restlichen Zucker und Vanillezucker zugeben und alles verrühren.

Bei niedriger Temperatur und unbedingt ohne Deckel (!) eine halbe Stunde köcheln lassen. Währenddessen immer wieder umrühren. Achtung, die Masse schäumt stark auf, deshalb ist die hohe Pfanne wichtig. Der Karamell ist fertig, wenn die Konsistenz der Masse schön cremig und dick ist.

Eine Auflaufform oder ein kleines Backblech mit Backpapier auslegen, dabei auch den Rand auskleiden. Masse einfüllen. Sofort mit Meersalz (nicht zuviel) bestreuen und 1 Stunde erkalten lassen.

Den Karamell mit einem feuchten Messer in kleine Stücke zerschneiden. Dabei sehr behutsam vorgehen, weil die Masse leicht bricht. Danach die Bonbons fest werden lassen.

Ich verpacke meine Bonbons gern in kleine durchsichtige Tütchen, die ich in selbst gemachten Boxen verstaue.

Hierfür nehme ich bunte Pappbecher und schneide jeweils den oberen Rand knapp ab. Dann schneide ich jeden Becher mit einer Schere 8-mal ein und achte darauf, dass die Abstände ungefähr gleich sind. Die Tiefe eines Schnitts beträgt ca. 3–4 cm. Danach falte ich die einzelnen Abschnitte nach innen und drücke sie an der Kante leicht nach oben. Jetzt muss man sie nur noch schön übereinander legen.

Zum Schluss habe ich meine Box mit einem selbst gemachten Bommel aus Wolle verziert und Papieranhänger mit einem Garn festgebunden.

MATERIAL   Pappbecher / Schere / Wolle / Papieranhänger / Garn

PLÄTZCHEN

CHAIKIPFERL
für ca. 50 Stück

70 ml Milch
4 Beutel Chai-Tee
  (Gewürzteemischung)
100 g gemahlene Mandeln
250 g Mehl
80 g Puderzucker
$^1/_2$ Vanilleschote
150 g kalte Butter

5 EL Puderzucker
1 TL Zimt
1 Pck. Vanillezucker

Die Milch in einem Topf erwärmen. Von der Platte ziehen und den Tee in den Teebeuteln ca. 30 Minuten darin ziehen lassen. Teebeutel wieder entfernen. Chai-Milch abkühlen lassen.

Mandeln mit Mehl, Puderzucker und dem Mark der halben Vanilleschote mischen. Eine kleine Mulde in die Mehlmischung drücken. Butter in kleine Stücke schneiden und zusammen mit der Chai-Milch hineingeben.

Alles zu einem glatten Mürbeteig verkneten. Den Teig zu einer Kugel formen und in Frischhaltefolie wickeln. Mindestens 1 Stunde im Kühlschrank ruhen lassen. Den Teig in 3 gleich große Teile schneiden und zu langen Rollen formen. Die Rollen in ca. 2–3 cm große Stücke zerteilen und daraus Kipferl formen. Die Kipferl auf ein mit Backpapier ausgelegtes Backblech geben.

Den Ofen auf 175 Grad Ober-/Unterhitze vorheizen und die Plätzchen ca. 10–12 Minuten backen. Sofort nach dem Backen das Backpapier mit den Kipferln vorsichtig vom heißen Blech herunterziehen.

Puderzucker mit Zimt und Vanillezucker in eine kleine Schüssel sieben und die noch warmen Kipferl darin wälzen.

KOKOS-EISBERGE für ca. 25 Stück

4 Eiweiß
1 Prise Salz
150 g Zucker
1 Pck. Vanillezucker
65 g Quark
3 Tropfen Bittermandelöl
200 g Kokosflocken
kleine, runde Oblaten

Eiweiß mit Salz steif schlagen, bis sich Spitzen ziehen lassen. Zucker und Vanillezucker einrieseln lassen und verrühren. Quark, Bittermandelöl und Kokosflocken einrühren.

Oblaten auf einem mit Backpapier ausgelegten Backblech verteilen und Kokoshäufchen daraufsetzen. Zu kleinen Bergen formen.

Im vorgeheizten Backofen bei 150 Grad 15 Minuten backen.

ORANGENBLÜTEN- ODER VANILLEKIPFERL

für ca. 50 Stück

100 g gemahlene Mandeln
200 g Mehl
80 g Puderzucker
1 Vanilleschote
1–2 EL Orangenblütenwasser
150 g kalte Butter

Mandeln mit Mehl, Puderzucker und dem Mark der Vanilleschote mischen. Eine kleine Mulde in die Mehlmischung drücken. Die Butter in kleine Stücke schneiden und zusammen mit dem Orangenblütenwasser hineingeben. Alle Zutaten zu einem glatten Mürbeteig verkneten. Den Teig zu einer Kugel formen, in Frischhaltefolie wickeln und mindestens 1 Stunde im Kühlschrank ruhen lassen.

5 EL Puderzucker
1 Pck. Bourbon-Vanillezucker

Den Teig in 3 gleich große Teile schneiden und zu langen Rollen formen. Die Rollen in ca. 2–3 cm kleine Stücke teilen und daraus Kipferl formen. Die Kipferl auf ein mit Backpapier ausgelegtes Backblech legen.

Den Ofen auf 175 Grad Ober-/Unterhitze vorheizen und die Plätzchen ca. 10–12 Minuten backen. Sofort nach dem Backen das Backpapier mit den Kipferln vom heißen Blech ziehen.

Puderzucker mit Bourbon-Vanillezucker in eine kleine Schüssel sieben und die noch warmen Kipferl darin wälzen.

Orangenblütenwasser gibt es im gut sortierten Supermarkt oder ist online erhältlich. Wenn man es weglässt, hat man einfache Vanillekipferl.

FENSTERPLÄTZCHEN

für ca. 50 Stück

Grundrezept Butterplätzchen

verschieden große
  Plätzchenausstecher
bunte Fruchtbonbons
Gefrierbeutel
evtl. Strohhalm und Garn
  (z.B. Bakers Twine)

Den Teig nach dem Grundrezept für Butterplätzchen (s. Anleitung Seite 106) zubereiten. Auf einer bemehlten Arbeitsfläche den Teig 3 mm dünn ausrollen. Mit den größeren Ausstechern die Plätzchen ausstechen. Mit den kleinen Ausstechern in den Plätzchen kleinere Formen ausstechen.

Wer keine kleinen Plätzchenausstecher hat, nimmt einfach Strohhalme und sticht kleine Kreise aus.

Plätzchen auf ein mit Backpapier ausgelegtes Backblech legen.

Die Fruchtbonbons nach Sorte sortieren und jeweils in einen Gefrierbeutel geben. Mit dem Nudelholz fest über die Bonbons rollen, sodass sie in kleine Stücke brechen. Die Stücke in die ausgestochenen kleinen Formen in die Plätzchen füllen. Auf keinen Fall zu viel hineinfüllen, da sonst das Bonbon, wenn es später im Ofen schmilzt, über die Plätzchen läuft.

Wer die Plätzchen später als Dekoration verwenden möchte, benötigt noch ein Loch für die Aufhängung. Auch hier nimmt man am besten einen Strohhalm und sticht ihn ganz einfach in die Plätzchen.

Das Backblech mit den Plätzchen in den vorgeheizten Backofen geben und bei 180 Grad ca. 10 Minuten backen. Die Plätzchen vollständig auf dem Backpapier abkühlen lassen und erst dann herunternehmen, wenn die Bonbons ausgekühlt und fest geworden sind.

Wer die Plätzchen aufhängen möchte, kann jetzt durch die Öffnung eine Schnur ziehen. Nun vorsichtig verknoten, damit das Plätzchen nicht bricht.

für ca. 60 Stück

VANILLE-MANDEL-SCHNEEFLOCKEN
MIT CRANBERRYMARMELADE

260 g Mehl
100 g Puderzucker
100 g Mandeln
250 g kalte Butter
1 Vanilleschote
1 Prise Salz
1 TL Abrieb einer Bio-Orange

Marmelade
  (am besten die gleiche Marmelade wie bei der Füllung)
weißer Fondant
Royal Icing
silberne Zuckerkugeln

Backpinsel
Spritzbeutel
Lochtülle mit 2 mm
  Durchmesser

Mehl mit dem Puderzucker in eine Schüssel sieben und die Mandeln unter-mischen. Butter in kleine Stücke schneiden und in die Mehlmischung geben. Vanilleschoten auskratzen und das Mark mit dem Salz und dem Abrieb der Orangen hinzufügen. Alle Zutaten kräftig zu einem glatten Mürbeteig verkneten und im Kühlschrank ca. 1 Stunde ruhen lassen.

Danach den Teig ca. 3 mm dünn ausrollen und Schneeflocken (oder auch Ster-ne) ausstechen. Ein Backblech mit Backpapier auslegen und die Schneeflocken daraufsetzen. Bei 180 Grad 10–12 Minuten im Backofen backen.

Auskühlen lassen und ein Plätzchen mit Cranberrymarmelade (s. Rezept Seite 70) bestreichen. Einen weiteren Keks darauflegen.

Für die Vanille-Mandel-Schneeflocken kann man statt der Cran-berrymarmelade auch sehr gut Orangenmarmelade verwenden.

Ich habe meine Schneeflocken teilweise mit Fondant und teilweise nur mit Royal Icing verziert. Das Fondant ca. 2 mm dünn ausrollen und ebenfalls in Form von Schneeflocken ausstechen.

Ca. 2 EL Marmelade in einem kleinen Topf erhitzen, bis sie flüssig ist. Die Marmelade mithilfe eines Backpinsels auf die Oberseite der Plätzchen dünn aufstreichen und mit dem Fondant belegen. Die Marmelade dient hier als Kleber.

Royal Icing in einen Spritzbeutel mit kleiner Lochtülle füllen und Punkte auf die Spitzen der Schneeflocken setzen. Silberne Zuckerkugeln daraufgeben.

Für die Verzierung genügt auch Royal Icing allein. Damit ein Schneeflockenmuster aufspritzen und nach Belieben mit Silber-kugeln dekorieren.

VANILLE · MANDEL
★ SCHNEEFLOCKEN
MIT
CRANBERRY · JAM

HOMEMADE

ORANGEN-KARDAMOM-SHORTBREAD MIT ROSMARIN für ca. 50 Stück

350 g Mehl
100 g Puderzucker
200 g kalte Butter
1 Pck. Vanillezucker
½ TL Abrieb einer Bio-Orange
1 TL gemahlener Kardamom
2 EL frisch gepresster
  Orangensaft
1 Zweig Rosmarin

Puderzucker

Mehl mit Puderzucker in eine Schüssel sieben. Butter in kleine Stücke schneiden und dazugeben. Vanillezucker, Orangenschale, Orangensaft und Kardamom hinzufügen. Rosmarinnadeln vom Zweig entfernen und ganz fein hacken. Unter die übrigen Zutaten mischen.

Alles zusammen zu einem glatten Mürbeteig verarbeiten. In eine Frischhaltefolie wickeln und für 1 Stunde in den Kühlschrank geben.

Den Teig auf einer bemehlten Arbeitsfläche ca. 3 mm dünn ausrollen und mit eckigen Plätzchenausstechern ausstechen oder eckig zuschneiden, nach Belieben Buchstaben aufstempeln. Ein Blech mit Backpapier auslegen und die Plätzchen darauf verteilen.

Bei 180 Grad Ober-/Unterhitze im vorgeheizten Backofen ca. 8–10 Minuten backen. Sofort nach dem Backen das Backpapier mit den Plätzchen vom heißen Blech ziehen.

Die noch warmen Plätzchen mit Puderzucker bestäuben.

PECANNUSS-SNOWBALLS für ca. 48 Stück

180 g Mehl
100 g gemahlene Pecannüsse
180 g kalte Butter
1 Vanilleschote
1 Prise Salz
75 g Puderzucker
1 TL Abrieb einer Bio-Orange

Puderzucker

Mehl in eine Schüssel sieben und mit gemahlenen Pecannüssen vermischen. Butter in Stücke schneiden und dazugeben. Zusammen mit dem Mark der Vanilleschote, Puderzucker, Salz und der Orangenschale zu einem glatten Mürbeteig verarbeiten.

Den Teig in 3 gleich große Teile schneiden und jeweils zu Rollen formen. In Frischhaltefolie einwickeln und für 1 Stunde im Kühlschrank ruhen lassen.

Die Rollen in kleine Stücke teilen und zu Kugeln formen. Ein Blech mit Backpapier auslegen und die Kugeln daraufsetzen.

Bei 180 Grad Ober-/Unterhitze im vorgeheizten Backofen ca. 8–10 Minuten backen. Sofort nach dem Backen das Backpapier mit den Plätzchen vom heißen Blech herunterziehen.

Die noch warmen Snowballs mit Puderzucker bestäuben.

Die Pecannüsse kann man genauso gut durch Walnüsse ersetzen!

APRIKOSENSTERNE MIT ZIMT-BRANDY-GLASUR

für ca. 35 Stück

250 g Mehl
100 g gemahlene Mandeln
100 g Puderzucker
1 Pck. Vanillezucker
60 g getrocknete Aprikosen
1 Eigelb
200 g kalte Butter
1 TL Zimt

2 EL Wasser
2 TL Weinbrand
 (am besten Chantré)
1 TL Zimt
1 Pck. Vanillezucker
80 g Puderzucker

Mehl mit Mandeln und Puderzucker in eine Schüssel sieben. Vanillezucker zugeben. Aprikosen fein hacken und zusammen mit Eigelb, Butter und gemahlenem Zimt zu der Mehlmischung geben. Alle Zutaten zu einem glatten Mürbeteig verkneten. In Frischhaltefolie wickeln und für ca. 1 Stunde im Kühlschrank kühlen.

Teig auf einer bemehlten Arbeitsfläche ungefähr 3 mm dünn ausrollen. Sterne ausstechen und diese auf ein mit Backpapier belegtes Backblech legen. Bei 180 Grad Ober-/Unterhitze im vorgeheizten Backofen ca. 10–12 Minuten backen. Sofort nach dem Backen das Backpapier vom heißen B ech ziehen und die Sterne abkühlen lassen.

Für die Glasur das Wasser mit dem Chantré und dem Zimt verrühren. Puderzucker und Vanillezucker einstreuen und zu einer glatten Glasur verarbeiten. Es sollten keine Klümpchen entstehen. Auf den Sternen verteilen und trocknen lassen.

MANDELSPEKULATIUS für ca. 30 Stück

400 g Mehl
100 g gemahlene Mandeln
200 g kalte Butter
1 Eigelb
1 EL Milch
100 g brauner Zucker
50 g Puderzucker
2 TL gemahlener Zimt
$1/2$ TL gemahlener Kardamom
1 Msp. Nelkenpulver
1 Prise geriebene
  Muskatnuss
1 Prise Salz
1 TL Abrieb einer Bio-Orange

50 g Mandelblättchen
  für das Blech

Mehl mit Mandeln in eine Schüssel geben. Butter würfeln und hinzufügen. Eigelb, Milch, Zucker, Puderzucker, Gewürze, Salz und Orangenabrieb zugeben und alles zu einem glatten Teig verkneten. In Frischhaltefolie wickeln und mindestens 1 Stunde im Kühlschrank ruhen lassen.

Auf einer bemehlten Arbeitsfläche 3–4 mm dünn ausrollen. Holzmodel ausmehlen und in den Teig fest hineindrücken. Die Kanten abschneiden und durch kräftiges Schlagen das Plätzchen herauslösen.

Ein Backblech mit Backpapier auslegen. Mit Mandelblättchen bestreuen und Spekulatius darauf verteilen. Im vorgeheizten Backofen bei 180 Grad Ober-/Unterhitze 10–12 Minuten backen.

SCHOKOPLÄTZCHEN MIT NÜSSEN *für ca. 30 Stück*

150 g Zartbitterschoko-
lade (70 %)
70 g Butter (nicht direkt
aus dem Kühlschrank)
40 g Puderzucker
1 Ei
1 Pck. Bourbon-Vanillezucker
175 g Mehl
1 TL Backpulver
50 g grob gehackte
Haselnüsse
1 Prise Salz

Puderzucker

Zartbitterschokolade im heißen Wasserbad schmelzen und auf Raumtemperatur abkühlen lassen.

Butter mit Puderzucker, Ei und Vanillezucker schaumig schlagen. Schokolade
dazugeben und verrühren.

Mehl mit Backpulver und Salz hinzufügen und zu einer festen Masse rühren.
Nüsse grob hacken und unterheben.

Mit einem Teelöffel kleine Häufchen abstechen und auf ein mit Backpapier
ausgelegtes Backblech geben. Im vorgeheizten Backofen bei 130 Grad
Ober-/Unterhitze ca. 15 Minuten backen.

Sofort nach dem Backen das Backpapier vom heißen Blech ziehen und die
Plätzchen mit Puderzucker bestäuben.

NUSS-NOUGAT-PLÄTZCHEN für ca. 25 Stück

250 g Mehl
100 g gemahlene Haselnüsse
80 g Puderzucker
230 g kalte Butter
1 Pck. Vanillezucker
1 Eigelb

5–6 EL Nutella

Mehl in eine Schüssel sieben und mit gemahlenen Haselnüssen und Puderzucker vermischen. Butter würfeln und zugeben. Vanillezucker und Eigelb hinzufügen und alles zu einem glatten Mürbeteig verarbeiten. In Frischhaltefolie wickeln und mindestens 1 Stunde im Kühlschrank ruhen lassen.

Teig auf einer bemehlten Arbeitsfläche 3 mm dünn ausrollen und mit einem eckigen Plätzchenausstecher Plätzchen ausstechen. Die Hälfte der Plätzchen zusätzlich mit kleinen Sternen oder Kreisen versehen.

Ein Backblech mit Backpapier auslegen und die Plätzchen darauf verteilen. Im vorgeheizten Backofen bei 180 Grad Ober-/Unterhitze ca. 10 Minuten backen. Das Blech aus dem Ofen nehmen und das Backpapier mit den Plätzchen sofort vom Blech ziehen. Abkühlen lassen.

Jeweils ein Plätzchen ohne Stern mit einem Klecks Nutella bestreichen und mit einem zweiten Plätzchen, mit Stern, belegen.

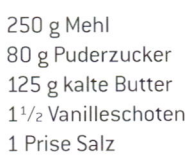

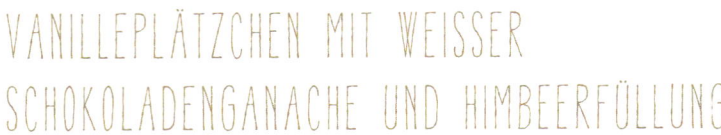

VANILLEPLÄTZCHEN MIT WEISSER SCHOKOLADENGANACHE UND HIMBEERFÜLLUNG
für ca. 25–30 Stück

250 g Mehl
80 g Puderzucker
125 g kalte Butter
1¹⁄₂ Vanilleschoten
1 Prise Salz
1 Eigelb

Himbeerkonfitüre

50 g weiße Schokolade
30 ml Sahne
¹⁄₂ Vanilleschote

Mehl mit Puderzucker in eine Schüssel sieben und die kalte Butter in Würfeln dazugeben. Das ausgekratzte Mark der Vanilleschote, Salz und Eigelb ebenfalls hinzufügen. Alle Zutaten zu einem glatten Mürbeteig verkneten. Teig in Frischhaltefolie einschlagen und ca. 1 Stunde im Kühlschrank ruhen lassen.

Auf einer bemehlten Arbeitsfläche den Teig ca. 3 mm dünn ausrollen und Kreise ausstechen. Ein Backblech mit Backpapier auslegen und die Plätzchen darauf verteilen. Im vorgeheizten Ofen bei 180 Grad Ober-/Unterhitze ca. 10 Minuten backen.

Das Backpapier mit den Plätzchen sofort vom heißen Backblech ziehen. Die Plätzchen abkühlen lassen.

In die Hälfte der Kreise habe ich zur Verzierung Wörter mit Schlagbuchstaben hineingedrückt.

Wer Schlagbuchstaben für Lebensmittel verwendet, sollte sie zuvor gründlich reinigen, weil sie meist eingeölt sind.

Für die Schokoladenganache die Sahne in einem kleinen Topf langsam erhitzen und die weiße Schokolade hineingeben. Unter Rühren auflösen. Das ausgekratzte Mark der Vanilleschote hinzufügen und gut verrühren. Vollständig abkühlen lassen. Die Masse dickt beim Abkühlen ein und wird streichfähig.

Die Ganache nicht in den Kühlschrank geben, da sie sonst zu fest wird.

Zur Fertigstellung eine Hälfte der Plätzchen mit der Ganache, die andere Hälfte mit der Konfitüre bestreichen. Beide Teile zusammensetzen.

SCHOKOLADENPLÄTZCHEN MIT BRANDYCREME

für ca. 30 Stück

300 g Mehl
50 g Kakao
130 g Puderzucker
1 Pck. Vanillezucker
1 Prise Salz
230 g kalte Butter
1 Ei

175 g Doppelrahmfrischkäse
1/2 TL Abrieb einer Bio-Orange
1 EL Weinbrand (Chantré)
70 g weiche Butter
60 g Puderzucker
1 Pck. Vanillezucker

Puderzucker

Mehl mit Kakao und Puderzucker in eine Schüssel sieben. Vanillezucker, Salz, Butter und das Ei hinzufügen und zu einem glatten Teig verkneten. Den Teig in eine Frischhaltefolie wickeln und mindestens 1 Stunde im Kühlschrank ruhen lassen.

Teig auf einer bemehlten Arbeitsfläche ca. 3 mm dünn ausrollen und mit einem runden, gewellten Plätzchenausstecher Kreise ausstechen. Auf ein mit Backpapier ausgelegtes Backblech legen und bei 180 Grad 12 Minuten backen, aus dem Backofen nehmen und sofort vom heißen Blech ziehen.

Plätzchen abkühlen lassen.

Für die Füllung Frischkäse mit Orangenabrieb, Chantré, weiche Butter, Puderzucker und Vanillezucker glatt verrühren. Jeweils die Hälfte der Plätzchen mit Brandycreme bestreichen und die anderen Plätzchen darauflegen.

Mit Puderzucker bestäuben!

CHEESECAKE-COOKIES
für mindestens 12 Stück

180 g Mehl
50 g gemahlene Mandeln
50 g Puderzucker
120 g kalte Butter

12 TL Cranberrymarmelade
  (s. Anleitung Seite 70)

350 g Doppelrahmfrischkäse
100 ml Kondensmilch (10%)
70 g Zucker
1 Vanilleschote
1 Ei
2 TL Mehl

Puderzucker

Mehl mit Mandeln und Puderzucker in eine Schüssel sieben. Butter in kleine Würfel schneiden und in die Mitte der Mehlmischung geben. Alles zu einem glatten Mürbeteig verkneten und diesen mindestens 1 Stunde im Kühlschrank ruhen lassen.

Den Teig auf einer bemehlten Fläche ca. 4 mm dünn ausrollen und Kreise im Durchmesser von ca. 9 cm ausstechen. Falls noch Teig übrig bleibt, mit kleinen Plätzchen- oder Fondantausstechern Sterne für die Dekoration ausstechen.

Ein Muffinblech einfetten und die Kreise vorsichtig hineindrücken, sodass ein hoher Rand entsteht. Mit einer Gabel den Boden der Küchlein einstechen.

Auf jeden Boden 1 TL Marmelade geben.

Für die Füllung Frischkäse, Kondensmilch, Zucker, Mark der Vanilleschote, Ei und Mehl zu einer glatten Creme verrühren. Mit einem Esslöffel die Creme in die Cheesecake-Böden füllen.

Im vorgeheizten Backofen ca. 30 Minuten bei 180 Grad Ober-/Unterhitze backen. Die Sterne gleichzeitig mitbacken, dabei aber berücksichtigen, dass diese bereits nach 8 Minuten fertig sind. Ggf. die Sterne vorher aus dem Backofen nehmen.

Cheesecake-Cookies abkühlen lassen und aus der Form lösen. Am besten funktioniert das, wenn man mit einem Messer vorsichtig am Rand entlangfährt. Die Cookies mit Puderzucker bestäuben und mit den kleinen Sternkeksen verzieren.

Damit die kleinen Sternkekse so richtig schön aussehen, habe ich sie vor dem Verzieren mit Kakao bestäubt.

Statt der Cranberrymarmelade kann man auch Erdbeer-, Orangen-, Himbeermarmelade oder Glühweingelee verwenden!

WEISSE SCHOKOLADEN-MARZIPAN-REHE

40 g weiße Schokolade
40 g Marzipan
220 g Mehl
70 g Puderzucker
150 g kalte Butter
1 Pck. Vanillezucker

Royal Icing
(s. Rezept Seite 108)

Schokolade und Marzipan fein raspeln. Mehl und Puderzucker in eine Schüssel sieben. Butter würfeln und dazugeben. Vanillezucker, geraspelte Schokolade und Marzipan hinzufügen. Alle Zutaten zu einem glatten Mürbeteig verarbeiten. In Frischhaltefolie wickeln und mindestens 1 Stunde im Kühlschrank ruhen lassen.

Teig auf einer bemehlten Arbeitsfläche 3 mm dünn ausrollen und mit einem Plätzchenausstecher in Rehform Plätzchen ausstechen. Ein Backblech mit Backpapier auslegen und die Plätzchen darauf verteilen. Im vorgeheizten Backofen bei 180 Grad Ober-/Unterhitze ca. 10 Minuten backen. Sofort nach dem Backen Backpapier mit den Plätzchen vom heißen Blech ziehen. Abkühlen lassen.

Royal Icing in einen Spritzbeutel mit kleiner Lochtülle füllen und Tupfen auf die Plätzchen spritzen.

LEBKUCHENMÄNNCHEN für ca. 60 Stück

2 EL Wasser
100 g brauner Zucker
200 g Zuckerrübensirup
1 TL gemahlener Ingwer
1 TL gemahlener Zimt
1 Msp. Nelkenpulver
130 g Butter
375 g Mehl
1/2 TL Natron

Wenn es auf die Adventszeit zugeht, werden meine Kinder immer ganz ungeduldig und freuen sich aufs Plätzchenbacken. Am liebsten verarbeiten sie einen klassischen Lebkuchenteig und formen ihn zu lustigen Männchen, Vogelhäuschen und Städten. Der Geruch, der beim Backen durchs Haus strömt, bringt die ganze Familie so richtig in Weihnachtsstimmung!

Wasser mit Zucker, Zuckerrübensirup und den Gewürzen in einen Topf geben. Unter ständigem Rühren langsam aufkochen. Von der Herdplatte ziehen, die Butter stückchenweise zugeben und die Masse glattrühren. Auf Zimmertemperatur abkühlen lassen. Mehl und Natron hineinsieben und zu einem klebrigen Teig verkneten. In Frischhaltefolie wickeln und mindestens 2 Stunden im Kühlschrank ruhen lassen.

Der Teig lässt sich auch wunderbar am Vortag zubereiten. Einfach über Nacht im Kühlschrank lassen!

Den Teig ca. 3 mm dünn auf einer bemehlten Arbeitsfläche ausrollen und Figuren ausstechen. Ein Backblech mit Backpapier auslegen und die Plätzchen darauf verteilen. Ca. 30 Minuten kaltstellen. Danach die Plätzchen im vorgeheizten Backofen bei Ober-/Unterhitze ca. 8–10 Minuten backen.

Abkühlen lassen und mit Royal Icing verzieren.

BUTTERPLÄTZCHEN GRUNDREZEPT *für ca. 50 Stück*

300 g Mehl
80 g Puderzucker
200 g kalte Butter
1 Pck. Vanillezucker
1 Eigelb
1 TL Abrieb einer
 Bio-Zitrone

Wenn wir bei uns zu Hause mit den Kindern backen, sind neben den Lebkuchen-männchen Butterplätzchen der Klassiker überhaupt. Meine Kinder verzaubern die Plätzchen mit Royal Icing in wunderschöne kleine Kunstwerke und essen sie danach bis auf den letzten Krümel auf. Beim Knuspern freuen sie sich immer über ein Gläschen mit Milch, das genauso schön aussieht wie ihre Plätzchen!

Mehl mit Puderzucker in eine Schüssel sieben. Kalte Butter in Würfel schneiden und zusammen mit Vanillezucker, Eigelb und Zitronenabrieb dazugeben. Alles zu einem glatten Mürbeteig verkneten. In eine Frischhaltefolie wickeln und für mindestens 1 Stunde in den Kühlschrank geben. Teig auf einer bemehlten Fläche ca. 3 mm dünn ausrollen und Plätzchen ausstechen.

Plätzchen auf einem mit Backpapier ausgelegten Backblech verteilen und im vorgeheizten Ofen bei 180 Grad Ober-/Unterhitze ca. 10 Minuten backen. Herausnehmen und Backpapier mit den Plätzchen sofort vom heißen Blech ziehen.

DEKO-
TIPP!

Unsere Milchfläschchen verziere ich mit weihnachtlichen Motiven, die ich aus Dekorfolie ausgestanzt oder ausgeschnitten habe.

ZITRONEN-MOHN-PLÄTZCHEN für ca. 50-60 Stück

250 g Mehl
50 g Mohn
80 g Puderzucker
175 g kalte Butter
1 Vanilleschote
1 Prise Salz
1 EL Zitronensaft
Abrieb einer Bio-Zitrone

Royal Icing
Lebensmittelpaste in
  gewünschter Farbe

Mehl und Mohn mit Puderzucker in eine Schüssel geben. Butter würfeln und dazugeben. Aus der Vanilleschote das Mark auskratzen und mit dem Salz, dem Zitronensaft und dem Abrieb hinzufügen. Alle Zutaten zu einem glatten Mürbeteig verkneten. Teig in Frischhaltefolie einschlagen und ca. 1 Stunde im Kühlschrank ruhen lassen.

Auf einer bemehlten Arbeitsfläche den Teig ca. 3 mm dünn ausrollen und mit einem Plätzchenausstecher Blüten ausstechen.

Ein Backblech mit Backpapier auslegen und die Plätzchen darauf verteilen. Im vorgeheizten Ofen bei 180 Grad Ober-/Unterhitze ca. 10 Minuten backen. Sofort nach dem Backen Backpapier mit den Plätzchen vom heißen Backblech ziehen und die Plätzchen abkühlen lassen.

Für die Verzierung Royal Icing (s. Seite 108) anrühren und mit Lebensmittelpaste einfärben. In einen Spritzbeutel mit kleiner Lochtülle (ca. 1–2 mm) füllen und Blüten auf die Plätzchen zeichnen.

GRUNDREZEPT ROYAL-ICING

1 frisches (!) Eiweiß
230 g Puderzucker
1 EL frisch gepresster
Zitronensaft

Eiweiß gemeinsam mit gesiebtem Puderzucker und Zitronensaft mit dem Handrührgerät cremig rühren. Wenn die Masse zu fest wird, ein wenig mehr Zitronensaft zugeben.

Masse in einen Spritzbeutel mit kleiner Lochtülle (1–2 mm) füllen und auftragen.

Am besten geht man mit der Spritztülle nicht zu nah an das Gebäck heran, sondern hält einen Abstand von mindestens 5–10 cm. So kann man am einfachsten feine Linien aufmalen.

Mit diesem Royal Icing kann man wunderbar Plätzchen und Gebäck verzieren, als Tortenguss ist es aber nicht geeignet.

ALLGEMEINE PLÄTZCHENTIPPS

Für meinen Plätzchenteig verwende ich am liebsten Puderzucker. Die Plätzchen werden damit mürber und zergehen richtig auf der Zunge. Wer seine Plätzchen knusprig haben möchte, der ersetzt die im Rezept stehenden Angaben für Puderzucker in Feinzucker.

Die Backzeit bei den Plätzchen kann je nach Größe der ausgestochenen Plätzchen unterschiedlich ausfallen. Deshalb immer wieder in den Ofen schauen und nachkontrollieren. Die Plätzchen aus dem Ofen nehmen, wenn sie am Boden ganz leicht Farbe annehmen.

Nach dem Backen ziehe ich die Plätzchen immer sofort mit dem Backpapier vom heißen Blech und lasse sie auf meiner Arbeitsfläche abkühlen. Wenn ich sie auf dem heißen Blech lasse, bräunen die Plätzchen zu sehr nach.

Es kann vorkommen, dass sich beim Nachbacken meiner Plätzchenrezepte mehr oder weniger viele Plätzchen ergeben. Das liegt an der Größe des Plätzchenausstechers und daran, wie dünn der Teig ausgerollt wird. Handhaben Sie es so, wie Sie persönlich Ihre Plätzchen am liebsten haben! Deshalb sind alle Angaben nur Richtwerte.

WEIHNACHTS-
BÄCKEREI

für 12 Stück ★ ★ ★ ★ ★ ★ ★ ★ ★ ★ ★ ★ ★ ★ ★

BRATAPFELKÜCHLEIN MIT VANILLECREME

50 g geriebenes Marzipan
220 g Butter
80 g Zucker
3 Eier
1/2 Vanilleschote
220 g Mehl
1 TL Backpulver
50 g gemahlene Haselnüsse
1 TL Zimt
100 ml Milch

2–3 kleine Äpfel

125 g Crème double
1 EL Zucker
1/2 Vanilleschote

2 EL grob gehackte
 Haselnüsse
Honig

Marzipan mit der Küchenreibe grob raspeln. Butter mit Zucker schaumig schlagen. Eier hinzufügen und cremig rühren. Geriebenes Marzipan und das Mark einer halben Vanilleschote zugeben. Mehl, Backpulver, gemahlene Nüsse und Zimt mischen und in den Teig rühren. Milch zugeben und noch einmal alles kräftig verschlagen.

Ein Muffinblech entweder mit Butter einfetten oder mit Backförmchen auslegen. Teig einfüllen.

Bei Backförmchen aus Papier muss man beachten, dass die Füllmenge größer ist als die einer Muffinform. Ggf. reicht die Teigmenge dann nicht für 12 Küchlein, sondern für ca. 9 Stück. Bei größeren Förmchen verlängert sich auch die Backzeit. Ich teste mit einem Holzstäbchen, ob die Küchlein schon durch sind.

Äpfel waschen und das Kerngehäuse ausstechen oder vorsichtig mit dem Messer entfernen. Der Länge nach in 3–4 mm dünne Scheiben schneiden.

Auf jedes Küchlein 1 Apfelscheibe setzen und bei 180 Grad Ober-/Unterhitze ca. 25 Minuten backen.

Wer Marzipan nicht mag, lässt es einfach weg!

Crème double mit dem Mark der halben Vanilleschote und dem Zucker cremig rühren. Einen Klecks der Creme auf die Küchlein geben. Haselnüsse grob hacken, auf die Creme geben und mit einem Klecks Honig garnieren.

Statt Crème double kann man auch steif geschlagene Sahne verwenden.

★ ★ ★ ★ ★ ★ ★ ★ ★ ★ ★ ★ ★ ★ ★ ★

SPEKULATIUS-STREUSELKUCHEN MIT ÄPFELN

Hierfür verwende ich eine runde Tortenform von 24 cm Durchmesser oder eine rechteckige Tortenform mit den Maßen 11 x 35 cm – im Idealfall mit Hebeboden!

125 g Butter
¹/₂ Vanilleschote
110 g Zucker
2 Eier
125 g Mehl
1 TL Backpulver
1 TL Spekulatiusgewürz
1 TL Abrieb einer Bio-Orange

4 mittelgroße Äpfel
  (Sorte Braeburn)
2 TL Zimt

150 g Mehl
90 g Zucker
100 g Butter
¹/₂ Vanilleschote

Aus einer halben Vanilleschote Mark auskratzen. Butter mit Vanillemark und Zucker schaumig schlagen. Eier zufügen und unterrühren. Mehl mit Backpulver und Spekulatiusgewürz mischen und mit der Orangenschale unter die Eimasse rühren. Den Teig auf dem eingefetteten Tortenboden verteilen.

Äpfel schälen, vierteln, entkernen und in ca. 3–4 mm dünne Scheiben schneiden. In eine Schüssel geben und mit Zimt mischen. Auf dem Boden auslegen.

Für die Streusel Mehl mit Zucker in eine Schüssel geben. Butter und Vanillemark zufügen und alles mit dem Handrührgerät zügig zu Streuseln rühren. Nicht zu lange rühren, damit die Streusel nicht zu „klein und fein" werden. Die Streusel auf die Äpfel geben.

Im vorgeheizten Backofen bei 180 Grad Ober-/Unterhitze 40–45 Minuten backen. Mit dem Holzstäbchen testen, ob der Kuchen schön durchgebacken ist!

Verziert habe ich meinen Kuchen mit Glitzer-Toppers.
Dazu schneide ich aus weißem und schwarzem Fotokarton Kreise aus, die ich auf Holzstäbchen aufklebe. Auf die Vorderseite trage ich Bastelkleber so dünn wie möglich auf und bestäube sie mit weißem oder schwarzem Glitter. Diese lasse ich vollständig austrocknen.

DEKO-TIPP!

Ich verwende immer Bastelkleber, der im flüssigen Zustand weiß oder farbig ist und nach dem Trocknen transparent wird. Das hilft beim exakten Auftragen des Klebers!

MATERIAL   Holzstäbchen (Zahnstocher) / Bastelkleber / schwarzer und weißer Fotokarton / schwarzer und weißer Glitter / Schere

SPEKULATIUS-ORANGEN-KÜCHLEIN
für 10–12 Stück

150 g Butter
½ Vanilleschote
80 g Zucker
2 Eier
1 Bio-Orange
120 g Mehl
1 TL Backpulver
1 TL Spekulatiusgewürz
50 g gemahlene Mandeln
2 EL Milch

1 Eiweiß
200 g Puderzucker
1 EL Orangensaft

Blattgold

Butter mit dem Mark der Vanilleschote und dem Zucker schaumig schlagen. Eier zugeben und weiterrühren, bis die Masse cremig ist.

Orange heiß abspülen. Schale abreiben und 1 TL davon zu dem Teig geben. Restliche Orange auspressen und 1 EL Saft für den Guss auf die Seite stellen. Saft zum Teig geben und verrühren. Mehl mit Backpulver, Spekulatiusgewürz und Mandeln mischen und unter den Teig heben. Die Milch zufügen und verschlagen.

Den Teig in eine gefettete Muffin-Form geben.

Für meine Küchlein benutze ich meine Cannelé-Form. Alternativ kann man auch eine Mini-Guglform verwenden.

Bei 180 Grad Ober-/Unterhitze ca. 25–30 Minuten backen. Mit einem Holzstäbchen testen, ob der Kuchen schon durch ist.

Abkühlen lassen.

Für den Guss das Eiweiß mit Puderzucker verrühren. Orangensaft zufügen und weiterrühren, bis alles schön cremig ist. Mit einem Esslöffel auf den Küchlein verteilen und mit Blattgold verzieren.

DEKO-TIPP!

Goldsterne
Für die Deko habe ich aus Goldpapier Sterne ausgestanzt. Mit Heißkleber klebe ich sie auf kleine Holzstäbchen.

MATERIAL Goldpapier / Stern-Motivstanzer / Holzstäbchen (Zahnstocher) /
Heiß- oder Bastelkleber

RUFFLED PEAR-PIE
für eine Springform von 20 cm Durchmesser

8 Blatt Filoteig
  (ersatzweise Strudelblätter
  aus dem Kühlregal)
60 g Butter
2–3 reife Birnen
  (ca. 500 g, nicht zu weich)
80 g brauner Zucker
1 TL gemahlener Zimt
1/2 TL gemahlener Kardamom
1 EL Rum (bei Kindern
  weglassen und durch
  2 Tropfen Bittermandel-
  aroma ersetzen)

150 ml Milch
1 Ei
1 Pck. Bourbon-Vanillezucker

Zimt und Puderzucker
  zum Bestäuben

Filoblätter ausbreiten und mit einem feuchten, nicht zu nassen (!) Tuch bedecken. Dadurch wird der Teig elastisch und reißt beim Verarbeiten nicht ein.

Butter in einem kleinen Topf schmelzen und jedes Blatt einzeln damit bestreichen, ca. 1 EL für später aufheben.

Birnen schälen, Kerngehäuse entfernen und in dünne Scheiben oder kleine
Würfel schneiden. Mit Zucker, Zimt, Kardamom und Rum mischen und gleichmäßig auf die unteren Drittel der Filoblätter verteilen. Die Blätter vorsichtig
aufrollen und zu kleinen Rosen formen.

In der gefetteten Springform auslegen. Mit der restlichen Butter bestreichen.
Milch, Ei und Vanillezucker mit einem Schneebesen glattrühren. Milchmasse
in die Springform gießen.

Im vorgeheizten Ofen bei 180 Grad ca. 30 Minuten backen. Wenn die Rosetten
schön goldgelb sind, ist die Pie fertig! Vorsichtig aus der Form lösen.

Mit Puderzucker und Zimt bestreuen und servieren!

✶✶✶ Warm oder kalt – diese Pie schmeckt immer! ✶✶✶

Unsere Pie habe ich mit kleinen, goldenen Schneeflocken-Toppers dekoriert.
Dazu habe ich aus Goldpapier Schneeflocken ausgestanzt und auf kleine Holzstäbchen geklebt.

MATERIAL Goldpapier / Motivstanzer Schneeflocke / Holzstäbchen /
Bastel- oder Heißkleber

je nach Form für 6–12 Stück

CRANBERRY-BIRNEN-ÜBERRASCHUNGSKÜCHLEIN

Wenn man Charlottenformen verwendet, reichen die Zutaten
für 6 Stück, bei Muffinformen für 12 Stück.

150 g Butter
100 g Zucker
3 Eier
1/2 Vanilleschote
2 TL Abrieb einer Bio-Orange
150 g Mehl
1 TL Backpulver
2 EL Milch

150 g feste, aber reife Birne
 (entspricht etwa 1 kleinen
 Birne)
75 g Cranberries
50 g Butter
200 g Sahne
1 Vanilleschote
2 Kardamomkapseln
120 g Zucker
1 Zimtstange

1 frisches (!) Eiweiß
 (Eigröße M)
1 EL Zitronensaft
170 g Puderzucker

Butter mit Zucker schaumig rühren. Eier zufügen und cremig rühren. Mark aus
der halben Vanilleschote kratzen und mit dem Orangenabrieb untermengen.
Mehl mit Backpulver mischen und unterheben. Anschließend die Milch unterrühren. Den Teig in gefettete Charlottenförmchen oder in die Mulden eines
Muffinblechs einfüllen. Bei 180 Grad Ober-/Unterhitze im vorgeheizten Ofen
20–25 Minuten backen. Mit dem Holzstäbchen testen, ob der Kuchen durchgebacken ist. Abkühlen lassen. Die Küchlein aus der Backform stürzen.

Für die Füllung die Birne schälen und das Kerngehäuse entfernen. In kleine
Würfel schneiden. Vanillemark aus der Schote kratzen. Cranberries verlesen
und waschen. Butter zusammen mit Sahne, Vanillemark und Schote, angedrückten Kardamomkapseln, Zucker und Zimtstange in einen Topf geben und
aufkochen lassen. Dabei ständig umrühren, bis die Butter geschmolzen ist
und der Zucker sich aufgelöst hat. Bei geringer Hitzezufuhr 4 Minuten köcheln
lassen. Birnen und Cranberries zufügen und weitere 15 Minuten köcheln.
Gelegentlich umrühren. Vanilleschote, Zimtstange und Kardamomkapseln
entfernen und alles abkühlen lassen.

Den Boden der abgekühlten Küchlein vorsichtig mit einem Messer möglichst
dünn abschneiden. Der Kuchen sollte noch einen stabilen Halt haben. Den Kuchen von unten mit einem Teelöffel vorsichtig aushöhlen. Dabei ca. 2–3 cm tief
einstechen und darauf achtgeben, dass genug Rand stehenbleibt. Die Küchlein
mit der abgekühlten Birnen-Cranberry-Füllung füllen und am Boden glattstreichen. Die Küchlein mit der Oberseite nach unten drehen. In die Backform
stellen und im Kühlschrank mindestens 3 Stunden kühlen lassen, bis die
Füllung schön fest geworden ist. Danach den Kuchen aus den Formen nehmen.
Für den Guss das Eiweiß mit dem Puderzucker und dem Zitronensaft cremig
rühren. Zügig über den Küchlein verteilen.

Ich habe meine Küchlein noch mit kleinen Sternentoppers verziert.
Hierzu stanze ich aus weißem Fotokarton kleine Sterne aus. Jeweils 2 Sterne
stecke ich ineinander, in der gleichen Technik wie bei den Bäumen für den
Weihnachtstisch (s. Anleitung Seite 150). Einen Stern schneide ich von oben
her bis zur Mitte mit einer Schere ein, den zweiten Stern von unten. An der
Schnittstelle schiebe ich die Sterne ineinander. Den nun dreidimensionalen
Stern klebe ich mit Heißkleber an ein kleines Holzstäbchen.

DEKO-
TIPP!

MATERIAL   weißer Fotokarton / Motivstanzer für Papier „Stern" /
Holzstäbchen (Zahnstocher) / Heißkleber oder Bastelkleber / Schere

CLEMENTINEN-LEBKUCHEN-ROLLEN für 18 Stück
MIT CHEESECAKE-CLEMENTINEN-FROSTING

1 Würfel Hefe (42 g)
75 g Zucker
1 Pck. Vanillezucker
1 Ei
500 g Mehl
60 g flüssige Butter
170 ml lauwarme Milch
1 Prise Salz
1 Prise Zimt
2 EL Quark
2 TL Zesten
 von 1 Bio-Clementine

50 g flüssige Butter
50 g brauner Zucker
1 TL Lebkuchengewürz
1 EL frisch gepresster
 Clementinensaft

175 g Doppelrahmfrischkäse
70 g Puderzucker
1 Pck. Bourbon-Vanillezucker
1 EL frisch gepresster
 Clementinensaft

Das Mehl in eine Schüssel sieben. Die Milch erwärmen. In das Mehl eine Mulde drücken und die Hefe hineinbröckeln. Zucker ebenfalls dazugeben und die Hefebröckel vorsichtig mit der lauwarmen Milch übergießen. Mit einer Gabel Hefe und Milch verrühren, bis sich die Hefe aufgelöst hat. Den Vorteig (ca. 20 Minuten) an einem warmen Ort gehen lassen. Anschließend die übrigen Zutaten hinzufügen und zu einem Teig verkneten. Den Hefeteig ein weiteres Mal an einem warmen Ort gehen lassen, bis sich das Volumen verdoppelt hat. Den Teig auf einer bemehlten Fläche zu einem Rechteck ausrollen.

Für die Füllung die Butter in einem Topf zerlassen. Zucker, Lebkuchengewürz und Clementinensaft verrühren und mit einem Löffel oder Backpinsel gleichmäßig auf dem Teig verteilen. Den Teig an der breiten Seite zusammenrollen und ungefähr 5 cm breite Stücke abschneiden. Ein Muffinblech einfetten und die Rollen hineinlegen.

Diesen Vorgang ggf. wiederholen, denn der Teig reicht für 18 Stück, ein normales Muffinblech hat jedoch nur 12 Mulden.

Bei 180 Grad Ober-/Unterhitze ca. 25 Minuten backen. Die Rollen sollten schön goldbraun sein. Die Rollen auf Raumtemperatur abkühlen lassen. Auf eine Tortenplatte legen und mit einem Deckel oder Frischhaltefolie abdecken. Vollständig auskühlen lassen.

Für das Frosting den Frischkäse mit dem Puderzucker, dem Vanillezucker und dem Clementinensaft schön glatt verrühren. Mit einem Löffel auf den Rollen verteilen und dabei Fäden ziehen.

Die Clementinenrollen bewahrt man am besten auf einer Tortenplatte mit Deckel auf, die gut schließt. Dann trocknen sie nicht aus und bleiben schön saftig!

Unsere Rollen habe ich mit kleinen Schleifchen verziert.
Dazu einfach ein Stückchen Bakers Twine in der gewünschten Farbe abschneiden und um ein kleines Holzstäbchen binden.

MATERIAL Holzstäbchen (Zahnstocher) / Bakers Twine / Schere

für 12 Stück

NUSSNOUGAT-GUGLS MIT CRANBERRIES

150 g Nussnougat
100 g Cranberries
150 g weiche Butter
100 g Zucker
3 Eier
100 g gemahlene Haselnüsse
150 g Mehl
1 TL Backpulver
Saft von 1 Orange
1 TL Abrieb einer Bio-Orange

100 g Puderzucker
1 EL Cranberrysaft oder
  Orangensaft
ggf. rosa Lebensmittelpaste

Fondant
kleine Sternausstecher

Nussnougat im Wasserbad schmelzen. Cranberries verlesen und waschen. Butter mit Zucker schaumig schlagen. Eier nach und nach zugeben und cremig rühren.

Gemahlene Nüsse mit Mehl und Backpulver mischen, zu der Eiermasse geben und unterrühren. Nougat, Orangensaft und -abrieb sowie Cranberries unterheben.

Mini-Guglform mit Butter einfetten und Teig einfüllen.

Küchlein bei 180 Grad Ober-/Unterhitze ca. 20–25 Minuten backen und mit dem Holzstäbchen testen, ob sie durchgebacken sind. Nussnougat-Gugls abkühlen lassen.

Für den Guss den Puderzucker mit dem Cranberrysaft glattrühren. Evtl. mit Lebensmittelpaste einfärben. Über den Gugls verteilen.

Fondant 2 mm dünn ausrollen. Kleine Sterne daraus ausstechen und die Gugls damit verzieren.

Wer keinen Cranberrysaft zu Hause hat, kann genauso gut Orangensaft verwenden.

★ ★ ★ ★ ★ ★ ★ ★ ★ MINI-BRATAPFELDONUTS *für ca. 50 Stück* ★ ★ ★ ★ ★ ★ ★ ★ ★ ★ ★ ★

3 Eier
100 g Zucker
250 ml Milch
½ Vanilleschote
1 Prise Salz
80 ml Öl
200 g Mehl
2 TL Backpulver
100 g gemahlene Mandeln
1 TL Zimt
1 kleiner Apfel (etwa 80 g)

4 EL Puderzucker
½ TL Zimt
1 Pck. Vanillezucker

Eier mit dem Zucker schaumig schlagen und mit der Milch verrühren. Das Mark der halben Vanilleschote, Salz und Öl hinzufügen und weiterschlagen. Mehl mit Backpulver, Mandeln und Zimt vermischen und kräftig einrühren.

Apfel schälen und mit der Küchenreibe fein raspeln. Sofort unter den Teig mengen.

Den Teig portionsweise in den Donutmaker oder aufs Blech geben und backen. Wenn die Donuts goldbraun sind, sind sie fertig.

Puderzucker mit Zimt und Vanillezucker mischen und die noch warmen Donuts darin wälzen.

Ich verwende den Teig manchmal auch anderweitig, zum Beispiel für Pancakes!

★ ★

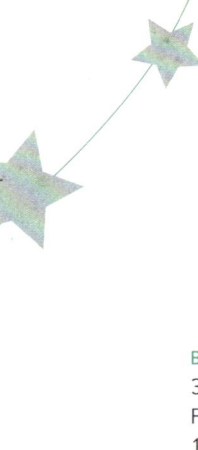

LEBKUCHENTORTE *für eine Springform von 15-20 cm Durchmesser*
MIT GEWÜRZKIRSCHEN UND WEISSER SCHOKOLADE

BISKUIT
3 Eier (zimmerwarm)
Prise Salz
1 Pck. Vanillezucker
80 g Zucker
3 EL lauwarmes Wasser
50 g Mehl
1 TL Backpulver
50 g Speisestärke
50 g Mandeln
1 TL Lebkuchengewürz

Die Eier trennen und das Eiweiß mit dem Salz steif schlagen. Eigelb mit Vanille-zucker, Zucker und dem lauwarmen Wasser cremig schlagen. Mehl, Backpulver, Speisestärke, Mandeln und Lebkuchengewürz vermischen und in die Eigelb-masse sieben. Eiweiß unterheben.

Teig in eine gefettete Spring- oder Souffléform füllen und ca. 30 Minuten bei 180 Grad Ober-/Unterhitze backen. Je nach Springformgröße bzw. -höhe kann sich die Backzeit verlängern. Ich teste mit einem Holzstäbchen, ob der Kuchen durchgebacken ist. Wenn Teig hängen bleibt, ist er noch nicht fertig.

Tortenboden abkühlen lassen.

GEWÜRZKIRSCHEN
340 g Schattenmorellen
1 Bio-Orange
1 Zimtstange
1/2 Vanilleschote
evtl. 1 TL Speisestärke

Die Schattenmorellen abtropfen lassen und in einen Topf geben. Orange dünn schälen und den Saft auspressen. Zu den Kirschen geben. Mit Zimtstange und Mark der Vanilleschote samt Schote aufkochen lassen und bei geringer Hitze ca. 4 Minuten köcheln lassen. Vanilleschote, Orangenschale und Zimtstange entfernen. Evtl. mit Speisestärke binden und abkühlen lassen.

WEISSE SCHOKOLADENCREME
75 g weiße Schokolade
200 g Sahne
1 Pck. Vanillezucker
125 g Mascarpone
1 EL Zucker

Die weiße Schokolade im Wasserbad schmelzen und auf Raumtemperatur abkühlen lassen. Sahne mit Vanillezucker steif schlagen. Mascarpone mit 1 EL Zucker cremig rühren. Schokolade einrühren und Sahne unterheben. Tortenboden in der Mitte einmal waagrecht durchschneiden. Um einen der Böden einen Tortenring legen. Gewürzkirschen auf dem Boden verteilen und mit der Creme bestreichen. Mit dem zweiten Boden belegen und für mindes-tens 2 Stunden im Kühlschrank kaltstellen.

SCHOKOLADENFROSTING
100 g Zartbitterschokolade
70 g Butter
70 g Puderzucker
2 EL Kakao
125 g Mascarpone
1 Pck. Vanillezucker
200 g Sahne

Die Zartbitterschokolade im heißen Wasserbad schmelzen und auf Raumtempe-ratur abkühlen lassen. Butter mit Puderzucker, Kakao und Mascarpone cremig rühren. Schokolade einfließen lassen und verrühren.

Sahne mit Vanillezucker steif schlagen und unter die Schokoladencreme mischen.

Alles zügig auf die Torte auftragen, denn die Masse wird schnell relativ fest!

DEKO-TIPP!

Für die Sternengirlande habe ich aus Packpapier Sterne ausgestanzt und mit Heißkleber auf eine Schnur geklebt. Die Girlande binde ich an zwei Holz-stäbchen und stecke sie in die Torte.

ORANGENKUCHEN MIT KONDENSMILCH
für eine Guglhupfform von ca. 22 cm Durchmesser

200 g weiche Butter	Butter mit Zucker schaumig schlagen. Eier nach und nach zugeben und cremig rühren.
150 g Zucker	
4 Eier	
1 Vanilleschote	Mark der Vanilleschote auskratzen und mit 100 ml Orangensaft und der Kondensmilch unterrühren.

200 g weiche Butter
150 g Zucker
4 Eier
1 Vanilleschote
100 ml frisch gepresster
 Orangensaft
 (für Kuchen und Guss
 reichen insgesamt
 ca. 2 große Bio-Orangen)
100 ml Kondensmilch (8%)
100 g gemahlene Mandeln
200 g Mehl
1 TL Backpulver
1 gestrichener TL
 gemahlener Kardamom
$1/2$ TL gemahlener Ingwer
Abrieb einer Bio-Orange

1 frisches Eiweiß
220 g Puderzucker
2 EL frisch gepresster
 Orangensaft
1 TL Abrieb einer Bio-Orange

Butter mit Zucker schaumig schlagen. Eier nach und nach zugeben und cremig rühren.

Mark der Vanilleschote auskratzen und mit 100 ml Orangensaft und der Kondensmilch unterrühren.

Mandeln mit Mehl und Backpulver mischen und unter die Eimasse rühren. Zum Schluss den gemahlenen Kardamom und Ingwer hinzufügen und den Abrieb der Bio-Orange untermengen.

In eine gefettete Guglhupfform füllen. Im vorgeheizten Backofen bei 180 Grad Ober-/Unterhitze ca. 45–50 Minuten backen. Mit einem Holzstäbchen testen, ob der Kuchen schön durch ist.

Den Kuchen abkühlen lassen.

Für den Guss das Eiweiß mit dem Puderzucker, dem Orangensaft und den Zesten mit dem Handrührgerät glatt verrühren.

Zügig über dem Kuchen verteilen.

✳ ✳ ✳

DEKO-TIPP!

Verziert habe ich meinen Kuchen mit Glitzer-Toppers.
Dazu schneide ich aus hellbeigem Fotokarton Kreise aus, die ich auf Holzstäbchen klebe. Auf die Vorderseite trage ich so dünn wie möglich Bastelkleber auf und stäube Goldglitter darüber. Diese lasse ich vollständig austrocknen.

Am liebsten verwende ich Bastelkleber, der im flüssigen Zustand weiß oder farbig ist und nach dem Trocknen transparent wird. Das hilft beim exakten Auftragen des Klebers!

MATERIAL Holzstäbchen (Zahnstocher) / Bastelkleber / hellbeiger Fotokarton / goldener Glitter / Schere

für eine Springform von 20 cm Durchmesser

WEIHNACHTSTORTE GEFÜLLT
MIT APFELKOMPOTT UND VANILLECREME

4 Eier (nicht direkt
  aus dem Kühlschrank)
1 Prise Salz
100 g Zucker
1 Vanilleschote
4 EL lauwarmes Wasser
70 g Mehl
1 TL Backpulver
70 g Speisestärke
75 g gemahlene Mandeln
1 TL gemahlener Zimt

APFELKOMPOTT
300 g Äpfel
100 g Gelierzucker 3:1
1 Bio-Zitrone
1 Vanilleschote
4 Kardamomkapseln
  (ersatzweise gemahlener
  Kardamom)
1 Zimtstange
1 TL Calvados

FÜLLUNG
400 g Sahne
2 Pck. Vanillezucker
1 Pck. Paradiescreme Vanille

FROSTING
2 Becher Sahne
1 Pck. Vanillezucker
350 g Frischkäse
  (Doppelrahmstufe)
100 g Puderzucker

weißer, mintfarbener und
  eisblauer Fondant
Fondant-Sternausstecher
Quittengelee

Am Vortag: Äpfel schälen, vom Kerngehäuse entfernen und klein würfeln. Zusammen mit dem Gelierzucker in einen Topf geben. Abrieb und Saft einer Zitrone, Mark der Vanilleschote und Schote, die angedrückten Kardamom- kapseln und die Zimtstange hinzufügen. Alles 1 Stunde ziehen lassen. Danach den Calvados hinzufügen und 4 Minuten sprudelnd aufkochen. Gewürze entfernen, in ein Weckglas füllen und verschließen.

Eier trennen. Eiweiß mit dem Salz steif schlagen. Eigelb mit Zucker und Mark der Vanilleschote sehr cremig rühren. Lauwarmes Wasser dazugeben und weiterrühren. Mehl mit Backpulver, Speisestärke, Mandeln und Zimt mischen und über die Eimasse sieben. Eiweiß unterheben und in eine mit Backpapier ausgelegte Springform füllen.

Im vorgeheizten Ofen bei 180 Grad Ober-/Unterhitze ca. 30 Minuten backen. Mit einem Holzstäbchen testen, ob der Teig schon durch ist.

Boden abkühlen lassen und einmal waagrecht durchschneiden. Einen Torten- ring eng um den unteren Boden legen. Das Apfelkompott darauf verteilen.

Sahne mit Vanillezucker und Paradiescreme steif schlagen. Auf dem Kompott verteilen. Für ca. 2 Stunden kaltstellen.

Mit dem zweiten Boden bedecken.

Für das Frosting die Sahne mit dem Vanillezucker steif schlagen. Frischkäse mit Puderzucker verrühren und Sahne unterheben. Auf der Torte verteilen.

Weißen Fondant dünn ausrollen und auf die Torte legen, glattstreichen und überschüssigen Fondant am Rand entlang abschneiden.

Im Internet gibt es bebilderte Anleitungen, wie man Fondant über eine Torte legt.

Farbigen Fondant ebenfalls ausrollen und Sterne ausstechen. Sterne mit einem Klecks Gelee festkleben.

Wenn Kinder mitessen, lasse ich den Calvados einfach weg.

für 9 Tartelettes oder eine Tarteform von 24 cm Durchmesser

MANDELBISKUITS MIT GLÜHWEINBIRNEN
UND VANILLE-TONKA-SAHNE

9 Birnen
ca. 400–500 ml Glühwein

4 Eier (nicht direkt aus
  dem Kühlschrank)
1 Prise Salz
4 EL lauwarmes Wasser
100 g Zucker
1/2 Vanilleschote
70 g Mehl
70 g Speisestärke
1 TL Backpulver
50 g gemahlene Mandeln
1 TL gemahlener Zimt
3 EL gehobelte Mandeln

Puderzucker

200 g Sahne
1/2 Vanilleschote
1 Msp. Abrieb einer Tonkabohne (s. Hinweis Seite 148)
1 1/2 EL Zucker

Am Vortag: Birnen von der Unterseite, am besten mit einem Melonenausstecher, vom Kerngehäuse befreien und mit einem Sparschäler die Birnenschale abschälen. Den Stiel jedoch nicht entfernen. Glühwein in einem Topf erwärmen und die Birnen im heißen Glühwein 30 Minuten ziehen lassen. Im Wein abkühlen lassen und darin bis zum Gebrauch marinieren.

Es empfiehlt sich wegen des Geschmacks, selbst gemachten und keinen gekauften Glühwein (s. Anleitung Seite 49) für die Birnen zu verwenden!

Für den Teig Eier trennen. Eiweiß mit Salz steif schlagen. Eigelb mit lauwarmem Wasser und Zucker sowie dem Mark der Vanilleschote cremig rühren. Mehl mit Speisestärke, Backpulver, gemahlenen Mandeln und Zimt mischen und über die Eigelbmasse sieben. Alles verrühren und das Eiweiß vorsichtig unterheben.

Den Teig in gefettete Tarteletteformen oder eine Tarteform geben. Glühweinbirnen gut abtropfen lassen und vorsichtig in den Teig drücken. Den Rand mit Mandelblättchen bestreuen und im vorgeheizten Backofen bei 180 Grad Ober-/Unterhitze ca. 30 Minuten backen. Mit einem Holzstäbchen testen, ob der Teig durch ist. Abkühlen lassen, aus der Form lösen und mit Puderzucker bestäuben.

Für das Topping Sahne mit dem Mark der Vanilleschote, dem Abrieb der Tonkabohne und dem Zucker halbsteif schlagen und jedes Küchlein mit einem Klecks verzieren. Bei einer großen Tarte die Sahne zu dem Kuchen extra reichen.

Man kann statt des Glühweins die Birnen auch in einem Birnenpunsch (s. Anleitung Seite 44) ziehen lassen.

In der Weihnachtszeit sind Glühweinbirnen ein wunderschönes Mitbringsel oder Gastgeschenk. Sie schmecken auch prima zu anderen Desserts oder ganz einfach mit einer Kugel Vanilleeis und Schokoladensoße.

Zu den Küchlein serviere ich am liebsten Kuchengabeln aus Holz. Besonders edel sehen sie aus, wenn ich sie vorher mit kupferfarbenem Acryllack bemale und dann mit Pailletten beklebe.

MATERIAL   Holzgabel / kupferfarbener Acryllack / Bastelkleber / Pailletten

CHRISTBAUMDEKO
UND GESCHENKE

JEDES JAHR STELLT SICH BEI UNS DIE FRAGE, WIE DER DIESJÄHRIGE WEIHNACHTSBAUM AUS-
SEHEN SOLL. WELCHE FARBEN, WELCHE KUGELN UND VOR ALLEM WELCHE MATERIALIEN NEHMEN WIR
WOHL DIESMAL? AM SCHÖNSTEN FINDE ICH, WENN MAN GEKAUFTE KUGELN MIT SELBST GEMACHTEM
BAUMSCHMUCK KOMBINIERT. SO HABE ICH VIELE KLEINE, WEISSE POMPOMKUGELN UND KLEINE VÖGEL
MIT KERAMIKKUGELN VERZIERT.

JUL

WEIHNACHTSBAUM-SCHMUCK

MATERIAL

weißes Keramiplast
   (selbsthärtend)
Nudelbrett zum Ausrollen
Ausstechform für Kugel
farbloser Acryllack
schwarzer Folienstift
Buchstabenaufkleber
   (Schreibwaren- oder
   Scrapbookbedarf)
Schnur (z.B. Bakers Twine)

Eicheln, Zapfen
weißer Acryl-Mattlack
Heißkleber
Nylongarn
Schnur (z.B. Bakers Twine)
Holzkugeln in verschiedenen
   Größen

ANHÄNGER AUS KERAMIPLAST

Dafür habe ich selbst härtendes, weißes Keramiplast ca. 3 mm dünn auf einem
Nudelbrett ausgerollt und mit einem Weihnachtskugelausstecher verschiedene
Formen ausgestochen. Alternativ kann man auch einen runden Plätzchenausstecher verwenden.
Nach dem Aushärten habe ich die Anhänger mit farblosem Acryllack angemalt
und, als auch dieser getrocknet war, mit wasserfestem, schwarzem Folienstift
Muster aufgezeichnet. Ein paar von den Anhängern habe ich mir aufgehoben
und sie statt mit dem aufgemalten Muster mit Wörtern aus Buchstabenaufklebern verziert. Für die Aufhängung habe ich Bakers Twine verwendet.

ZAPFEN UND EICHELN

Zu meinen Weihnachtskugeln habe ich Schätze aus der Natur dekoriert und sie
ein bisschen verschönert. Eicheln und Tannenzapfen, die ich bereits im Herbst
fleißig gesammelt hatte, habe ich mit weißem Acryl-Mattlack eingesprüht. Nur
die Zapfen wurden komplett von oben bis unten weiß; die Eicheln habe ich einfach von der Kappe gelöst und allein die längliche Frucht besprüht. Die Kappe
selbst habe ich in ihrer Farbe belassen. Nach dem Trocknen wurden die Eicheln
mit Heißkleber wieder in die Kappe geklebt.

*Man kann nur Eicheln verwenden, die einen längeren Stiel an der
Kappe haben. Sonst lässt sich keine Schnur für die Aufhängung
daran binden.*

An die Zapfen habe ich vorsichtig eine Nylonschnur für die Aufhängung angebracht. Man muss hier sehr aufpassen, dass die Zapfen nicht brechen!

HOLZPERLEN

Als Letztes habe ich naturfarbene Holzperlen auf eine Schnur aufgefädelt –
2–3 Stück, je nach Größe der Kugeln – und die Schnur oben für die Aufhängung
verknotet.

GESCHENKE IN PASTELL
→ BÄUME

Ein paar meiner Geschenke habe ich mit Geschenkpapier in Pastelltönen und Seidenpapier in sanften Farben verpackt. Aus den gleichen Papieren habe ich auch Anhänger und kleine Bäume gefaltet, die meine Geschenke schön verzieren.

Für die Bäume mithilfe eines Zirkels 3–4 verschieden große Kreise (Durchmesser: 9, 7, 5,5 und 3 cm) aufmalen und ausschneiden.

Danach einen Kreis nehmen und ihn einmal der Hälfte nach falten. Den Halbkreis ein zweites Mal in der Mitte falten, sodass sich, wenn man ihn wieder aufklappt, die Faltlinien kreuzen. Den auseinandergefalteten Kreis so vor sich hinlegen, dass die Linien gekreuzt sind, und dann den Kreis noch einmal zur Hälfte falten. Wieder aufklappen und die Seiten an den gefalteten Stellen nach innen biegen. Es sollte nachher aussehen wie ein Tortenstück. Mit den anderen Kreisen genauso vorgehen.

Mithilfe einer Sticknadel einen Faden durch alle gefalteten Kreise (von innen her durch die Mitte) ziehen und oben für die Aufhängung verknoten.

Schön sieht es auch aus, wenn man vor dem Verknoten Holzperlen auf den Faden aufzieht.

MATERIAL

Geschenkpapier oder Tonpapier / Zirkel oder kreisrunde Vorlagen, z.B. Gläser in verschiedenen Größen / ggf. Stift / Schere / Faden / Sticknadel / Perlen

→ CHRISTROSEN

Aus Seidenpapier habe ich Christrosen gebastelt, die ich auf Spanschachteln geklebt habe. Auch diese habe ich vorher mit Acryllack angemalt. Die übrigen Spanschachteln sind mit Zapfenbäumen (s. Basteln mit Kindern) verziert!

Dazu das Seidenpapier in Quadrate schneiden. Für jedes Quadrat benötigt man ca. 8–10 Lagen Seidenpapier. Pro Blume braucht man insgesamt 3 verschieden große Quadrate. Die Quadrate einer Größe übereinander legen und auf die Hälfte falten. Danach noch einmal in der Mitte falten. Das gefaltete Eck vor sich legen.

Mit einem Stift die Blütenform aufzeichnen (s. Bild links unten) und darauf achten, dass sie die gefaltete Ecke mit einschließt. Danach die Umrisse mit einer Schere ausschneiden. Die Blüte auseinanderfalten und das Gleiche mit den restlichen beiden Quadratgrößen wiederholen. Dabei beachten, dass jedes Quadrat aus mindestens 8 Lagen Seidenpapier bestehen sollte.

Wenn alle Blüten ausgeschnitten sind, die Lagen übereinander versetzt mit einem Bastelkleber festkleben.

Am Schluss die Blüte mit den Fingern in Form zupfen.

MATERIAL

8–10 Lagen Seidenpapier
Schere
Stift
Bastelkleber

GESCHENKE MIT PAILLETTEN

Zu Weihnachten darf es bei mir gern mal ein bisschen mehr funkeln und glänzen, und ich freue mich, wenn auch die verpackten Geschenke schon von außen glitzern. Besonders schön sehen sie aus, wenn sie mit Pailletten verziert sind.

Für meine Geschenkverpackung beklebe ich Spanschachteln und Papieranhänger mit Pailletten. Die Spanschachteln habe ich vorher mit mattem Acryllack bemalt. Nach dem Trocknen zeichne ich auf die Oberseite mit Bleistift die Initialen der Beschenkten vor und fülle sie danach mit Pailletten, die ich mit Bastelkleber aufklebe. Auch die Papieranhänger verziere ich mit Buchstabenaufklebern und Pailletten.

Die übrigen Spanschachteln schmücke ich mit einer Pompomborte und klebe auf den Deckel einen Hirsch aus dem Spielzeugbedarf, den ich davor ebenfalls mit Acryllack angemalt habe.

Bei der Pompomborte achte ich darauf, dass ich sie so anbringe, dass ihr Rand von dem Deckel verdeckt wird, wenn ich die Schachtel schließe.

Schön dazu passen auch Geschenkbänder aus Paillettenborten aus dem Nähbedarf.

MATERIAL

Spanschachteln in verschiedenen Größen / Pailletten in verschiedenen Farben / Paillettenband / Bastelkleber / Bänder / Papieranhänger / Buchstabenaufkleber aus dem Schreibwaren- oder Scrapbookbedarf / Acryl-Mattlack / Pinsel / Schere / Pompomborte / Spielzeugtiere (z.B. Schleich)

GESCHENKE VERZIEREN MIT HOLZKUGELN UND LEDERBÄNDERN

Wenn ich meine Geschenke besonders verpacken möchte, aber nur wenig Zeit dafür habe, greife ich in die Kiste mit den schönen Holzkugeln und Holzperlen.

Im Bastel- oder Floristenbedarf gibt es sie in vielen unterschiedlichen Größen. Die Perlen fädle ich auf Lederbänder auf, die ich dann um die Geschenke wickele.

Am schönsten zu weiß und schwarz verpackten Geschenken gefallen mir Kugeln und Perlen in Natur.

MATERIAL

Holzkugeln und Holzperlen
in verschiedenen Größen
Lederbänder

EIN SELBST GESTALTETES GESCHENKPAPIER SIEHT NICHT NUR SCHÖN AUS, SONDERN ES MACHT AUCH VIEL SPASS, ES HERZUSTELLEN. BESONDERS WEIHNACHTLICH WIRD ES, WENN MAN WEISSES GESCHENKPAPIER MIT KLEINEN BÄUMEN ODER HÄUSERN BEDRUCKT. STEMPEL MIT VERSCHIEDENEN MOTIVEN GIBT ES IN JEDEM SCRAPBOOKSHOP, MAN KANN SIE ABER GENAUSO GUT AUCH SELBST ANFERTIGEN, SO WIE ICH.

GESCHENKE IN ROT UND WEISS Teil 1

MATERIAL

weißes Geschenkpapier
weiche Stempelplatte
 aus Gummi
Linolwerkzeug
Schere
Stempelkissen oder
 Acryl-Mattlack

Astscheiben
Tafellack
Pinsel
weißer Tafelstift
Schleichtier-Hirsch

Ich verwende hierfür eine weiche Stempelplatte. Zuerst zeichne ich meine Motive auf Tonpapier auf, schneide sie aus und übertrage sie mit Bleistift auf die Stempelplatte. Nun nehme ich das Linolschnittwerkzeug zur Hand und schneide die Motive aus. Danach drücke ich die Motive in ein rotes oder schwarzes Stempelkissen und stemple sie auf das Geschenkpapier.

Wer keine farbigen Stempelkissen hat, kann die Motive genauso gut mit mattem Acryllack dünn einpinseln und dann auf das Papier drücken.

ANLEITUNG GESCHENKANHÄNGER

Aus Astscheiben, die ich mir aus dem Floristenbedarf besorge, bastel ich mir immer wieder Geschenkanhänger. Zuerst bohre ein Loch für die Aufhängung hinein und überziehe sie anschließend mit Tafellack. Nach dem Trocknen beschrifte ich sie mit weißem Tafelstift.

Einen meiner Anhänger habe ich mit einem Hirschkopf, den ich von einem Schleichtier abgeschnitten habe, beklebt. Den Kopf habe ich vorher mit rotem, mattem Acryllack bestrichen.

GESCHENKE IN ROT UND WEISS Teil 2

Geschenke lassen sich auch sehr schön mit kleinen Schleifchen verzieren.

Dazu ein Papier der Länge nach in 15 cm lange Streifen schneiden, jeder Streifen sollte ca. 1 cm breit sein. Für eine Schleife benötigt man 4 solcher Streifen.

Mit einem Klecks Heißkleber die beiden Enden aneinanderkleben, sodass ein Kreis entsteht. Jetzt in der Mitte auf die Innenseite des Kreises wieder einen kleinen Tropfen Heißkleber geben und den oberen Part herunterdrücken. Von der Seite aus betrachtet, müsste nun eine „8" entstanden sein. Nun den nächsten Streifen versetzt in der Mitte an den ersten Streifen ankleben. Auf der Rückseite den Streifen zum Kreis biegen und wieder mit Heißkleber fixieren. Enden zusammenkleben. Die Mitte auf den ersten Kreis drücken und mit einem Tropfen Heißkleber fixieren.

Mit den beiden anderen Streifen ebenso verfahren, jeweils versetzt in die Mitte kleben, sodass am Ende eine gleichmäßige Schleife entsteht.

Heißkleber hat den großen Vorteil, dass er sofort trocknet.

MATERIAL

Bastelpapier
Lineal
Stift
Schere
Heißkleber

POMPOM-GESCHENKE

Ein paar meiner Geschenke habe ich ganz einfach mit Packpapier und weißem Geschenkpapier eingepackt. Besonders hübsch darauf sehen die bunten Pompoms aus, die ich mir von einer Pompomborte abgeschnitten habe.

Lose Pompoms gibt es auch im Bastelbedarf zu kaufen.

Ein kleiner Klecks Bastelkleber genügt, um sie auf die Verpackung zu kleben.

Einen Teil meiner Geschenke habe ich zusätzlich mit kleinen Bäumchen aus Zahnstochern behängt (s. Anleitung Seite 34). Diesmal habe ich sie jedoch nicht mit Acryllack bemalt, sondern mit Bakers Twine umwickelt.

Um das Garn zu fixieren, klebe ich den Fadenanfang und das Fadenende mit Heißkleber an.

Eine schöne Idee, Geschenke zu verzieren, ist eine selbst gemachte Wimpelborte. Dazu ein Stück Tonpapier der Länge nach falten, Wimpel aufzeichnen und ausschneiden. Unbedingt darauf achten, dass nicht die gefaltete Seite durchschnitten wird, denn an dieser werden die Wimpel später fixiert.

Die kleinen Wimpel mit Heißkleber an Bakers Twine ankleben und am Anfang und Ende verknoten.

MATERIAL

Packpapier / Heißkleber / Schere / weißes Geschenkpapier oder Einpackpapier / Pompomborten oder Pompoms aus dem Bastelbedarf / Bakers Twine / Zahnstocher / Tonpapier

WEIHNACHTS-
TISCH

EINEN TISCH FÜR DIE FESTTAGE ZU SCHMÜCKEN, MIT EIN PAAR SCHÖNEN, EINFACHEN, ABER SELBST GEMACHTEN DINGEN, MACHT UNGLAUBLICH VIEL SPASS UND FREUDE. AUF DIESEN MOMENT FREUE ICH MICH IMMER SCHON WOCHEN IM VORAUS UND ÜBERLEGE MIR, MIT WELCHEN DETAILS UND IN WELCHEM FARBMUSTER ICH DEN TISCH DECKE. AUF KEINEN FALL FEHLEN SOLLTE EIN DESSERT- ODER SWEETTABLE. DARAUF KANN MAN SEINE GEBACKENEN UND GEKOCHTEN LECKEREIEN AM BESTEN UND AM SCHÖNSTEN PRÄSENTIEREN.

WALNUSS-GEWÜRZKÜCHLEIN MIT ORANGENCREME

für ca. 6 Stück

250 g Butter
130 g Zucker
1 Vanilleschote
5 Eier
130 g gemahlene Walnüsse
75 g geriebene Zartbitterschokolade (50%–70%)
250 g Mehl
2 EL Kakao
1 TL Backpulver
2 TL Zimt
1/2 TL geriebene Tonkabohne
1/2 TL gemahlener Kardamom
1 TL Ingwerpulver
1 Msp. Nelkenpulver
2 EL Milch
1 EL Rum

250 ml Sahne
1 Bourbon-Vanillezucker
250 g Mascarpone
Saft und Abrieb von
  1 Bio-Orange
5 EL feiner Zucker
70 g Butter

weißer Fondant, silberne
Zuckerperlen, Orangen-
marmelade, Zuckerguss

Butter mit Zucker und dem Mark der Vanilleschote schaumig schlagen. Eier nach und nach zugeben und cremig rühren. Gemahlene Walnüsse, geriebene Schokolade, Mehl, Backpulver und die Gewürze mischen. Alles unter die Eimasse rühren. Milch und Rum zugeben. Ein kleines Backblech (39 x 26 cm) einfetten, mit etwas Paniermehl bestreuen und den Teig schön gleichmäßig einfüllen. Bei 180 Grad 30 Minuten backen. Kuchen abkühlen lassen.

Mit einem Kreisausstecher 12 Kreise ausstechen. Der Durchmesser der Kreise sollte ca. 7 cm betragen.

Für die Creme Orange heiß abwaschen und die Schale abreiben. Sahne mit Vanillezucker steif schlagen. Mascarpone mit 2 EL Orangensaft, 2 TL Abrieb der Orangenschale, Zucker und Butter in einer zweiten Schüssel cremig rühren. Sahne unterheben. Alles in einen Spritzbeutel mit großer Sterntülle füllen und auf einen Kuchenkreis aufspritzen. Mit einem weiteren Kuchenkreis bedecken.

Für die Verzierung Fondant ca. 2–3 mm dünn und gleichmäßig ausrollen. Mit einem großen Ausstecher Schneeflocken oder Sterne ausstechen. Ca. 4 EL Orangenmarmelade in einem kleinen Topf erhitzen, bis die Marmelade flüssig ist. Die Deckel der Küchlein damit einpinseln. Mit ausgestochenem Fondant belegen. Die Marmelade dient hier als „Kleber". Zuckerguss aus Puderzucker und Wasser anrühren und damit die Silberkugeln auf der Schneeflocke oder dem Stern befestigen.

Wer keine Tonkabohne hat oder diese nicht beziehen kann, kann sie auch getrost weglassen – es tut dem Geschmack keinen Abbruch. Tonkabohne sollte ohnehin aufgrund ihres Inhaltsstoffs Cumarin, der in größeren Mengen gesundheitsschädlich sein kann, nur spärlich eingesetzt werden. Der vanilleartige Geschmack kommt aber glücklicherweise schon in kleinster Menge zum Tragen!

WEISSES SCHOKOLADENTIRAMISU
MIT GEWÜRZCLEMENTINEN *für 4 Gläser à 250 ml*

SUD

2 geschälte Clementinen
300 ml Weißwein
1 Zimtstange
$^1/_2$ Vanilleschote
2 EL brauner Zucker
2 Kardamomkapseln

CREME

100 ml starker Kaffee
120 g weiße Schokolade
200 g Sahne
2 EL feiner Zucker
1 TL gemahlener Zimt
$^1/_2$ Vanilleschote
200 g Mascarpone
1 EL Zucker
1 EL brauner Rum
100 g Löffelbiskuits

Zimt, Walnüsse

Am Vortag: Weißwein in einen kleinen Topf gießen. Zimtstange, Mark der Vanille-schote und Schote, angedrückte Kardamomkapseln und den braunen Zucker hineingeben. Alles aufkochen und ca. 3 weitere Minuten köcheln lassen. Clementinen schälen und in den Wein geben. Abkühlen lassen. Über Nacht kühlstellen.

Clementinen abtropfen lassen und waagrecht in ca. 1 cm dicke Scheiben schneiden. Evtl. vorhandene Kerne entfernen.

Starken Kaffee aufbrühen und 100 ml abmessen. Abkühlen lassen. Weiße Schokolade im Wasserbad schmelzen und auf Raumtemperatur abkühlen lassen. In der Zwischenzeit Sahne mit Zucker, dem gemahlenem Zimt und dem Mark der halben Vanilleschote steif schlagen.

Mascarpone mit Zucker und Rum cremig rühren. Sahne dazugeben und unter-rühren. Die Creme in einen Spritzbeutel mit großer Sterntülle füllen. Kaffee mit braunem Rum mischen. Löffelbiskuits kurz in die Kaffee-Rum-Mischung tauchen und alles nacheinander in die Gläser füllen: Löffelbiskuits – Creme – Clementinenscheiben – Löffelbiskuits – Clementinenscheiben und zum Abschluss Creme aufspritzen. Mit Zimtpulver bestäuben und mit Walnüssen dekorieren.

Der Sud, der von den Gewürz-Clementinen übrig bleibt, lässt sich sehr gut für einen leckeren Clementinenpunsch weiterverwen-den (s. Rezept auf Seite 50).

DEKO-TIPP!

Für mein Tiramisu verwende ich Weckgläser, die ich mit Sternen aus schwar-zer Dekorfolie verziere. Dazu zeichne ich einfach Sterne auf, schneide sie aus und klebe sie an die Gläser. Die Folie lässt sich jederzeit wieder entfernen.

DEKO-TIPP!

Ich habe mir Schablonen auf Pappe aufgezeichnet, einmal in Sternform und einmal in Form eines Tannenbaums. Auf den weißen Fotokarton übertrage ich den Tannenbaum, schneide ihn aus und schneide mit der Schere jeweils einen Baum von oben bis ca. 1 cm über der Mitte und den anderen Baum von unten her bis ca. 1 cm über der Mitte vorsichtig ein. Nun kann man die Bäume ineinander stecken, sodass sie stabil auf dem Tisch stehen. Auf dem schwarzen Fotokarton zeichne ich mir die Sterne vor, schneide diese ebenfalls aus und verwende sie als Untersetzer für meine Gläser oder als Serviettenhalter. Wenn man Servietten einschieben möchte, sollte man die Sterne an einer Seite mit einer Schere bis zur Mitte einschneiden. Motive für Stern und Baum findet man übrigens im Internet!

MATERIAL Fotokarton in Schwarz und Weiß / Karton oder ein Stück Pappe / Stift und Schere

ZIMT-SCHOKOLADEN-BÄUME für mindestens 8 Stück

300 g Mehl
50 g Kakao
2 TL Zimt
1 Prise Salz
1 Pck. Vanillezucker
125 g (extra-)feiner Zucker
230 g Butter

Plätzchenausstecher in
  Sternform in verschiedenen
  Größen
weißes Fondant
Puderzucker

Royal Icing oder Zuckerguss

Gesiebtes Mehl, Kakao, Zimt, Salz, Vanillezucker und feinen Zucker in eine Schüssel geben. Butter in Stücke schneiden und dazugeben. Alles zu einem geschmeidigen Mürbeteig verkneten. Teig zu einer Kugel formen, in Frischhaltefolie wickeln und für mindestens 1 Stunde im Kühlschrank ruhen lassen.

Teig auf einer bemehlten Arbeitsplatte ca. 2 mm dünn ausrollen. Mit verschieden großen Sternausstechern Plätzchen ausstechen. Für meine Bäumchen habe ich 3 Größen verwendet.

Auf ein mit Backpapier ausgelegtes Backblech geben und im vorgeheizten Ofen bei 180 Grad Ober-/Unterhitze ca. 10 Minuten backen. Sofort nach dem Backen Backpapier mit den Plätzchen vom heißen Blech ziehen. Sterne abkühlen lassen.

Pro Bäumchen ca. 3 Sterne jeder Größe versetzt übereinander legen und mit einem Klecks Royal Icing oder Zuckerguss befestigen.

Fondant ausrollen, mit einem kleinen Fondant- oder Plätzchenausstecher einen Stern ausstechen und diesen an die Spitze der Bäumchen mit Royal Icing oder Zuckerguss festkleben. Mit Puderzucker bestäuben.

DEKO-TIPP!

Aus dem gleichen Teig steche ich noch weitere Sterne aus, die ich nicht mit Schokolade überziehe und mit denen ich die Gläser auf meinem Weihnachtstisch dekoriere. Damit die Plätzchen einen guten Halt an den Gläsern finden, schneide ich in die ausgestochenen Sterne mit einem Messer vorsichtig eine Einkerbung (ca. 5 mm breit) ein.

Die Einkerbung nicht zu breit und nicht zu dünn anbringen, denn durch das Backen wird der Schnitt wieder etwas „enger". Außerdem sollte man sie dem Glas, das man dafür verwenden möchte, anpassen. Meine Gläser sind etwas dicker, deswegen musste auch die Einkerbung breiter sein, bei filigranen Gläsern sollte die Kerbe dementsprechend schmaler ausfallen.

Die Sterne habe ich zum Teil wieder mit Royal Icing verziert. Dazu habe ich das Icing in einen Spritzbeutel mit kleiner Lochtülle (2 mm) gefüllt und den Rand nachgezogen.

BESONDERS GERN HABE ICH ES, WENN AN WEIHNACHTEN WABENBÄLLE UND POMPOMS ZUM EINSATZ KOMMEN – SIE PASSEN EINFACH PERFEKT ZU EINER FESTLICH GEDECKTEN TAFEL. ALSO HABE ICH UNSEREN TISCH MIT WEISS BESPRÜHTEN LÄRCHENZWEIGEN, VÖGELN, WABENBÄLLEN, WABENBÄUMEN UND -GLOCKEN SOWIE POMPOMS DEKORIERT. MEIN FARBSCHEMA WAREN HELLE FARBEN MIT EIN WENIG GOLD UND GLIMMER. ICH FINDE, DASS DIE HELLEN TÖNE MIT DEM GOLD SEHR FESTLICH UND EDEL WIRKEN. SCHÖN DAZU SIEHT HELLBLAU AUS, DAS ICH ALS ERGÄNZUNGSFARBE FÜR MEIN WINTERLICHES MOTTO GEWÄHLT HABE.

FESTLICH GEDECKTER TISCH MIT POMPOMS

MATERIAL

Wabenbälle, Wabenglocken,
  Wabenbäume in verschiede-
  nen Größen
Lärchenzweige
weißer Mattlack zum Sprühen
Bastelkleber
Goldglimmer
Holzlöffel
kleine Dekovögel
Buchstabenstempel
Fotokarton
Spitztüten aus Papier

Über dem Tisch habe ich größere Pompombälle in Hellblau und Wabenbälle in Mint und Weiß aufgehängt. Sie passen gut zu den weißen Wabenbäumen und den kleinen weißen Wabenbällen, die sich über den Tisch verteilen.

Jedem Gast habe ich eine hellblaue Spitztüte auf den Teller gelegt. Daran habe ich Feder-Anhänger befestigt, die ich aus Fotokarton ausgeschnitten und mit Goldglimmer beklebt habe. Das geht ganz einfach: an den Enden ein wenig Bastelkleber auftragen, Goldglimmer vorsichtig daraufstreuen und das Ganze trocknen lassen. Den Namen des jeweiligen Gasts habe ich mit kleinen Buchstabenstempeln aufgestempelt. In der gleichen Technik wie die Federn habe ich Holzlöffel für unsere Desserts beglimmert. Neben jedem Teller waren kleine Menükarten drapiert, sowie Papierspitzen in Gold.

Ein paar Tage vor unserer Feier habe ich Lärchenzweige mit weißem Mattlack eingesprüht und trocknen lassen. Bis die Farbe richtig gut gedeckt hat, musste ich den Vorgang ein paar Mal wiederholen.

Statt mit Mattlack kann man die Zweige auch mit Acryllack einpinseln. Der Lack deckt schneller, trocknet aber langsamer.

KIRSCH-MERINGUES

für ca. 6 Stück

MERINGUES

3 Eiweiß
1 Prise Salz
130 g Zucker
1 EL Speisestärke
50 g Puderzucker
2 EL Kakao

FÜLLUNG

250 g Crème double
2 Pck. Bourbon-Vanillezucker
1 TL Kirschwasser (bei
  Kindern einfach weglassen)
1 Glas Amarenakirschen
  (250 g Füllgewicht)
Zimt
Zartbitterschokolade

Eiweiß mit Salz steif schlagen und nach und nach langsam den Zucker einrieseln lassen. So lange schlagen, bis sich vom Eiweiß Spitzen ziehen lassen. Speisestärke mit Puderzucker und Kakao mischen, über die Eiweißmasse sieben und unterrühren.

Alles in einen Spritzbeutel mit Sterntülle füllen und Kreise auf ein mit Backpapier ausgelegtes Blech spritzen. Darauf achten, dass alle Kreise ungefähr gleich groß sind. Danach am Rand noch einmal rundum spritzen, sodass in der Mitte eine kleine Mulde entsteht!

In den Backofen schieben und bei 80 Grad Ober-/Unterhitze ca. 2 $\frac{1}{2}$ bis 3 Stunden trocknen lassen.

Für die Füllung Crème double mit Vanillezucker und Kirschwasser cremig rühren. Auf den Meringues verteilen. Amarenakirschen daraufgeben und mit Zimt garnieren.

Die Crème double kann auch durch 100g steif geschlagene Sahne und 150g Mascarpone ersetzt werden.

Für die Verzierung aus Zartbitterschokolade kleine Bäume spritzen oder zeichnen. Dazu Schokolade im Wasserbad schmelzen und in einen Spritzbeutel mit kleinem Loch füllen. Auf ein Backpapier spritzen und trocknen lassen.

HOT-CHOCOLATE-
P A R T Y

AN NIKOLAUS BEKOMMEN WIR ALLE, MEINE TÖCHTER, MEIN MANN UND ICH, IMMER SO VIELE SCHOKO-
LADENNIKOLÄUSE GESCHENKT, DASS WIR SIE GAR NICHT ALLE AUFESSEN KÖNNEN. UM DIE RESTE ZU
VERWERTEN, HABEN WIR UNS ÜBERLEGT, EINE KLEINE HOT-CHOCOLATE-PARTY ZU VERANSTALTEN.

für ca. 8–10 Stück

ERDNUSS-BROWNIE-STERNE MIT VANILLESAHNE UND GESALZENER KARAMELLSOSSE

150 g Zartbitter Schokolade
(50%)
100 g ungesalzene Erdnüsse
200 g Butter
120 g Zucker
1 Pck. Vanillezucker
4 Eier
230 g Mehl
1 TL Backpulver
3 EL Kakaopulver
4 EL Milch
1 Prise Meersalz

Puderzucker

**FÜR DIE
KARAMELLSOSSE**
100 g Zucker
1 EL Butter
100 ml Sahne
1 Prise Meersalz

VANILLESAHNE
200 g Sahne
1 Pck. Bourbon-Vanillezucker

Zuerst einmal habe ich einen Teil der Schokolade in Erdnuss-Brownies verwandelt. Bei dieser Gelegenheit habe ich auch alle Plätzchen, die wir bis dahin noch nicht aufgegessen hatten, verwertet.

Schokolade im Wasserbad schmelzen und auf Zimmertemperatur abkühlen lassen. Erdnüsse grob hacken und in einer Pfanne ohne Fett kurz anrösten. Butter mit Zucker und Vanillezucker schaumig schlagen. Eier nach und nach hinzufügen und cremig rühren. Mehl mit Backpulver und Kakaopulver mischen und in die Eimasse sieben. Alles gut miteinander vermengen. Zum Schluss die Milch, das Meersalz und die gerösteten Erdnüsse dazugeben.

Den Teig auf ein kleines gefettetes Backblech (39 x 26 cm) geben und gleichmäßig verteilen. Im vorgeheizten Backofen bei 180 Grad Ober-/Unterhitze 30–35 Minuten backen. Mit einem Holzstäbchen testen, ob der Kuchen schon durch ist.

Kuchen auf Zimmertemperatur abkühlen lassen. Mit Frischhaltefolie abdecken, damit der Kuchen nicht austrocknet. Wenn er vollständig ausgekühlt ist, mit einem großen Sternausstecher Sterne ausstechen. Mit Puderzucker bestäuben.

Für die Karamellsoße einen Topf aufsetzen und den Zucker darin bei hoher Temperatur schmelzen lassen, bis er anfängt braun zu werden. Den Topf von der Herdplatte ziehen, Butter zugeben und alles verrühren. Den Topf zurück auf die Herdplatte stellen. Unter ständigem Rühren Sahne und Meersalz hinzufügen und die Masse einkochen lassen. Den Karamell in ein Weckglas umfüllen und vollständig auskühlen lassen.

Für das Topping Sahne mit Vanillezucker steif schlagen.

Erdnuss-Brownie-Sterne mit einem Klecks Sahne und der Karamellsoße servieren.

WIE DER NAME SCHON SAGT, DARF BEI EINER HOT-CHOCOLATE-PARTY NIEMALS DIE HEISSE SCHOKOLADE FEHLEN. DESHALB HABE ICH HOT-CHOCOLATE-SPOONS DAFÜR HERGESTELLT.

HOT-CHOCOLATE-SPOONS

Vollmilch-, Zartbitter- und weiße Schokolade jeweils getrennt voneinander im heißen Wasserbad schmelzen. Mit einem Teelöffel die Schokolade auf den Teelöffel, der für die Chocolate-Spoons vorgesehen ist, vorsichtig auftragen. Dabei aufpassen, dass die Schokolade an den Seiten nicht vom Löffel läuft. Am besten legt man den Löffel zum Trocknen waagrecht hin.

Für die Verzierung Reste der Schokolade ein zweites Mal schmelzen. In einen Spritzbeutel ein kleines Loch schneiden und die Löffel mit Linien verzieren. Sofort mit kleinen Schokoladensternen und Zuckerperlen bestreuen.

Am schönsten sieht es aus, wenn man bei einem Zartbitterschokoladenlöffel weiße Schokolade für die Verzierung verwendet und umgekehrt.

GASTGEBERGESCHENK
Weil wir zu unserer kleinen Party Gäste eingeladen haben, habe ich für jeden – passend zum Thema – ein kleines Gastgebergeschenk vorbereitet. In Milchfläschchen habe ich zuerst Kakao eingefüllt, dann Zucker, Schokoladentropfen, Marshmallows und zum Schluss Zuckerperlen. So können sich unsere Besucher zu Hause noch einmal in Ruhe eine heiße Schokolade gönnen.

MATERIAL   Teelöffel / weiße, Zartbitter- und Vollmilchschokolade / Spritzbeutel / Zuckerperlen und kleine Schokoladensterne

DEKO-TIPP!

Unseren Sweettable habe ich mit Marshmallows dekoriert. Ich habe sie auf einen Faden aufgefädelt, sodass sie wie Schneeflocken herunterhängen.

DA ICH OFT SEHR VIELE PLÄTZCHEN BACKE, DIE NICHT IMMER ALLE AUFGEGESSEN WERDEN ODER VERSCHENKT WERDEN KÖNNEN, SERVIERE ICH SIE AUCH GERN IN ANDERER FORM. EIN DESSERT, DAS SICH HIERFÜR ANBIETET, IST DIESES TRIFLE.

für ca. 4 Portionen

SPEKULATIUS-TRIFLE
MIT CRANBERRY-APFEL-KOMPOTT

KOMPOTT
50 g Cranberries
1 kleiner Apfel (ca. 100 g)
2 EL Zucker
50 ml Apfelsaft
Saft von 1/2 Orange
1/2 Vanilleschote
1 Zimtstange
1 TL Abrieb einer Bio-Orange
ggf. Speisestärke

100 g Spekulatius

CREME
100 g Mascarpone
1 EL Zucker
200 g Sahne
1 Pck. Bourbon-Vanillezucker

1 Prise Zimt
Mandelblättchen

Cranberries verlesen und waschen. Apfel schälen, vom Kerngehäuse befreien und in kleine Stücke schneiden.

Zucker in einem kleinen Topf schmelzen. Wenn der Zucker beginnt, braun zu werden, die Cranberries und Äpfelstücke hinzufügen und sofort mit dem Apfel- und Orangensaft ablöschen. Das Mark der halben Vanilleschote, die Zimtstange und den Abrieb der Orange dazugeben und alles ca. 10 Minuten einkochen lassen.

Abkühlen lassen. Wenn die Masse zu flüssig ist, ggf. mit Speisestärke binden.

Mascarpone mit 1 EL Zucker cremig rühren. Sahne mit Vanillezucker steif schlagen und unter die Mascarponecreme heben.

Spekulatius in kleine Stücke brechen und in ein Glas geben. Mit Creme auffüllen und mit einem Klecks Kompott garnieren.

Mit Zimt und Mandelblättchen bestreuen.

Statt der Spekulatius kann man auch Lebkuchen, Zimtsterne, Vanillehipferl, Butterplätzchen oder andere Plätzchensorten weiterverarbeiten.

SILVESTER

SILVESTER ZU FEIERN, MACHT MIR IN DER VORBEREITUNG IMMER AM MEISTEN SPASS. FÜR DIE DEKORATION ÜBERLEGE ICH MIR ZUERST EIN PASSENDES FARBMUSTER. WENN ICH DIE FARBEN IM KOPF HABE, KOMMEN MIR SCHON BALD UNENDLICH VIELE IDEEN FÜR DIE GESTALTUNG.

SILVESTER

Für diese Dekoration habe ich Korallenrot mit Weiß, Grau und einem Klecks Schwarz kombiniert. Ein bisschen Glitzer und Glamour darf an Silvester natürlich auch nicht fehlen, deshalb habe ich noch Gold dazugenommen. Über dem Tisch habe ich viele Pompombälle und Lampions aufgehängt.

Für die Tischdekoration habe ich mir aus Tonpapier, Bastelpapier und Fotokarton große Konfetti ausgeschnitten, die ich mit einem Zirkel vorgezeichnet habe. Ein paar Konfetti habe ich dünn mit Bastelkleber bestrichen und mit Goldglimmer bestreut. Am besten eignen sich hierfür Kreise aus Fotokarton, dünneres Papier würde sich durch die Feuchtigkeit des Bastelklebers zu sehr wellen.

Unsere Glasuntersetzer habe ich aus einer Korkplatte aus dem Baumarkt ausgeschnitten. Es gibt aber auch fertige runde Korkuntersetzer zu kaufen. Damit sie farblich zum Rest des Tischs passen, habe ich meine Untersetzer mit mattem Acryllack angemalt.

Auf den Tellern habe ich unsere Servietten in der Ziehharmonikatechnik zu Schleifen gefaltet. Als Serviettenring habe ich jeweils einen Streifen aus Tonpapier in der Mitte mit Klebestreifen fixiert.

Jedem Gast habe ich ein kleines Kuvert auf den Teller gelegt. Ich habe es außen mit Papierkonfetti, Pailletten und Streudekor verziert und auch innen damit gefüllt.

Für das Gastgeschenk habe ich aus Pappbechern Boxen gebastelt (s. Anleitung Seite 80) und sie mit kleinen Glücksschweinchen verziert.

 Die kleinen Glücksschweinchen habe ich mit weißem und schwarzem Acryl-Mattlack eingesprüht und mit kleinen Partyhütchen aus Tonpapier dekoriert.

Ich finde es immer schön, wenn die Holzgabeln und Holzlöffel, mit denen wir das Dessert essen, zum Rest des Tischs passen, deshalb habe ich sie mit korallenfarbenen Sternen oder goldenen Pailletten beklebt.

Für unsere Sektgläser habe ich kleine Styroporkugeln auf Holzstäbchen gesteckt und sie zusätzlich mit Bastelkleber fixiert. Die Kugeln habe ich rundum mit Bastelkleber bepinselt und gleichmäßig mit Goldglimmer bestreut.

PASSIONSFRUCHTTORTE
für eine Springform von 20 cm Durchmesser

TEIG
4 Eier (nicht direkt aus
   dem Kühlschrank)
1 Prise Salz
4 EL lauwarmes Wasser
80 g Zucker
1 Pck. Bourbon-Vanillezucker
150 g Mehl
1 TL Backpulver
30 g Speisestärke

CREME
200 g Sahne
1 Vanilleschote
250 g Mascarpone
50 g Zucker
2 Passionsfrüchte

GELEE
1 Pck. klarer Tortenguss
250 ml Passionsfruchtsaft
1 EL Zucker

FROSTING
200 g Sahne
1 Pck. Vanillezucker
175 g Doppelrahmfrischkäse
70 g Butter (zimmerwarm)
80 g Puderzucker

DEKO-TIPP!

Eier trennen. Eiweiß mit Salz steif schlagen. Eigelb mit lauwarmem Wasser, Zucker und Vanillezucker cremig rühren. Mehl mit Backpulver und Speisestärke mischen und über die Eimasse sieben. Alle Zutaten verrühren. Eiweiß unterheben.

In eine mit Backpapier ausgelegte und am Rand eingefettete Springform füllen. Im vorgeheizten Backofen bei 180 Grad Ober-/Unterhitze ca. 30 Minuten backen. Mit einem Holzstäbchen testen, ob der Teig schon durch ist.

Teig abkühlen lassen und einmal waagrecht in der Mitte auseinanderschneiden.

Sahne mit dem Mark einer Vanilleschote steif schlagen. Mascarpone mit Zucker cremig rühren. Sahne unterheben und das Fruchtfleisch aus den Passionsfrüchten schaben. Ebenfalls unterrühren.

Einen Tortenring um einen Teigboden legen und die Sahne darauf verteilen.

Tortenguss mit Saft und Zucker nach Packungsanweisung anrühren und auf der Sahne verteilen. Im Kühlschrank ca. 2 Stunden kühlstellen.

Tortenring entfernen und zweiten Tortenboden oben aufsetzen.

Sahne mit Vanillezucker steif schlagen. Frischkäse mit Butter und Puderzucker glattrühren. Sahne unterheben und alles gleichmäßig um und auf der Torte verstreichen.

Wer keine Passionsfrüchte bekommen kann, verwendet einfach 4–5 Pfirsichhälften aus der Dose.

Für die Dekoration der Torte habe ich etwas größere Styroporkugeln auf Holzstäbchen gesteckt, ebenfalls mit Bastelkleber bestrichen und in Goldpailletten gewälzt, bis die ganze Kugel bedeckt war.

MANGO ETON MESS
für 4 Portionen

70 g Baisers
300 g Sahne
3 EL Zucker
1 Vanilleschote
2 reife Mangos

JE NACH GESCHMACK
2 Passionsfrüchte
Passionsfruchtsirup
Minze

50 g Baisers in Stücke brechen und in Gläser füllen. Sahne mit Zucker und Mark der Vanilleschote steif schlagen. Auf den Baisers verteilen.

Mango schälen und würfeln. Auf die Sahne geben.

Die restlichen Baisers in Stücke brechen und auf die Mango streuen. Ggf. mit ausgeschabten Passionsfrüchten, Passionsfruchtsirup und Minze abschmecken und verzieren.

✴✴✴

Wer sich Passionsfruchtsirup besorgt, kann auch für den Aperitif oder für den Mitternachtsseht einen Schuss mit ins Glas geben. Schmeckt wunderbar!

MEIN BLOG:

WWW.FRAEULEIN-
KLEIN.BLOGSPOT.DE

DANKE!

In erster Linie möchte ich mich bei meiner Familie bedanken, die mich so bei der Arbeit an diesem Buch unterstützt hat – bei meinem Mann und bei meinen Freunden, die immer parat gestanden haben, um die ganzen Leckereien mit mir zu vernaschen, und bei meinen beiden Töchtern, die mit so viel Eifer und Freude bei der Sache waren.

Ebenso möchte ich allen Lesern meines Blogs und meines ersten Buchs danken, für die lieben und aufmunternden Worte, die sie mir immer haben zukommen lassen, und für die vielen Inspirationen, die sie mir geben.

IMPRESSUM

© 2013 Verlag Georg D.W. Callwey GmbH & Co. KG
Streitfeldstraße 35, 81673 München
www.callwey.de
E-Mail: buch@callwey.de

Bibliografische Information der Deutschen Nationalbibliothek
Die Deutsche Nationalbibliothek verzeichnet diese Publikation in der Deutschen Nationalbibliografie; detaillierte bibliografische Daten sind im Internet über http://dnb.d-nb.de abrufbar.

ISBN 978-3-7667-2042-9

Das Werk einschließlich aller seiner Teile ist urheberrechtlich geschützt. Jede Verwertung außerhalb der engen Grenzen des Urheberrechtsgesetzes ist ohne Zustimmung des Verlags unzulässig und strafbar. Das gilt insbesondere für Vervielfältigungen, Übersetzungen, Mikroverfilmungen und die Einspeicherung und Verarbeitung in elektronischen Systemen.

Alle Bilder in diesem Buch stammen von Yvonne Bauer mit Ausnahme von:
S. 2, S. 17 rechts 3. von oben, S. 19 rechts 1. u. 2. von oben, S. 113 links, S. 127 links, S. 131 rechts oben, S. 134/135, S. 146/147, S. 151 links, S. 157 rechts, S. 173 rechts unten: © Reinhard Harant
S. 10 rechts: © Ulrike Myrzik, München

Projektleitung: Tina Freitag
Lektorat: Anne Funck, München
Umschlaggestaltung:
Anzinger I Wüschner I Rasp, Agentur für Kommunikation GmbH, München, unter Verwendung der Bilder von Reinhard Harant
Grafisches Konzept, Layout und Satz:
Claudia Eder – Konzept und Gestaltung, Augsburg
Druck und Bindung: Stürtz GmbH, Würzburg

PRINTED IN GERMANY